Christa Keding-Pütz
Gesund durch psychologische Kinesiologie

Von Christa Keding-Pütz ist bei Jopp / Oesch lieferbar:

Gesund durch analytische Kinesiologie
Der Muskeltest als Brücke zu ganzheitlicher Heilung
5. Auflage, 180 Seiten
ISBN 3-0350-5019-8

Christa Keding-Pütz

Gesund durch psychologische Kinesiologie

Die Kraft der Psyche als Tür zur Heilung

Jopp
Oesch

5. Auflage 2003

Umschlaggestaltung: Kreativ Design Gerd Aumann, Wiesbaden
Zeichnungen: Brigitte Braun-Dähler, Bad Schwalbach
Druck und Bindung: Legoprint, Lavis (TN)
Printed in Italy

ISBN 3-0350-5022-8

Gern senden wir Ihnen unser Verlagsverzeichnis:
Oesch Verlag, Jungholzstraße 28, 8050 Zürich
E-Mail: info@oeschverlag.ch
Telefax 0041/1 305 70 66 (CH: 01/305 70 66)

Unser Buchprogramm finden Sie im Internet unter:
www.joppverlag.ch

Inhaltsverzeichnis

Vorbemerkung

Das vorliegende Buch bildet eine Einheit mit dem Band „Gesund durch analytische Kinesiologie – der Muskeltest als Brücke zu ganzheitlicher Heilung“, auch wenn jedes in sich thematisch geschlossen und allein verständlich ist. Zwar werde ich zum Auffrischen und zur Arbeitserleichterung einzelne Zusammenhänge in diesem Band kurz wiederholen, den ausführlichen Hintergründen ist jedoch der 1. Band gewidmet.
„Gesund durch analytische Kinesiologie“ führt Sie nicht nur in eine alternative Erforschung von Gesundheit und Krankheit ein, die der Schulmedizin einen ganz neuen Ansatz von Heilung ermöglichen könnte, sondern bietet auch neben den schon bestehenden kinesiologischen Praktiken einen eigenständigen Aspekt des Muskeltests.
Sie finden dort Hypothesen zu den physiologischen Grundlagen, Anleitungen für die praktische Anwendung, Hinweise auf mögliche Fehlerquellen bis zum konkreten Einsatz als Instrument zur Erforschung von Gesundheitsstörungen, Krankheitsursachen und Behandlungsmöglichkeiten.
Darüber hinaus bieten etliche Schlußfolgerungen über Hintergründe von Gesundheit und Krankheit sowie Gedanken zu den Grundprinzipien der Methode eine Fülle geistiger Nahrung (und Herausforderung) für Theoretiker und Praktiker, für Therapeuten und Betroffene jeder Art.
Zusammen mit den Informationen des 1. Bandes und einer praktischen Muskeltesterfahrung können Sie dieses Buch als konkrete Arbeitsgrundlage verwenden, und wenn Sie es unabhängig vom 1. Band lesen, werden Sie zumindest eine Fülle von Anregungen und Einblicken bekommen, was mit der psychologischen Kinesiologie möglich ist.
Sollten Sie schon anderweitige kinesiologische Vorkenntnisse haben, könnten Ihnen einige Unterschiede zu etablierten Techniken und Ansichten begegnen, für die Sie im 1. Band vermutlich ausreichend stimmige Erklärungen finden.

Persönliche Meilensteine

Die großartigen Erfahrungen, die ich Ihnen in diesem Buch vorstellen möchte – allein schon die Tatsache, daß ich es überhaupt geschrieben habe – sind eng verwoben mit meiner eigenen Geschichte. Viele Prozesse einer Erkenntnis in der Arbeit mit Patienten finden Parallelen in meinem Leben. Indem ich Sie hier zu Beginn an einigen Meilensteinen meiner Entwicklung vorbeiführe, möchte ich Ihnen ein Stück persönlicher gegenübertreten, die Anonymität schlauer Theorien überwinden und zeigen, daß Wissen nur authentisch sein kann, wenn es auch persönlich gelebt wird

Meine Entscheidung, mich der Medizin und der Psychologie zu widmen (die ich erst auf lehrreichen Umwegen umsetzen konnte), war neben naturwissenschaftlicher Neugier auch aus dem Wunsch geboren, meine eigene Gesundheit und mein Seelenleben wieder in die Reihe zu bekommen. Ich hatte meine Kindheit sehr bedrückend erlebt, mich schuldig gefühlt an allem Kummer meiner Eltern, hatte gelitten unter ihrem negativen Weltbild und dem Gefühlsmangel unserer Beziehung. Ich hatte zwar etliches gut durch Leistung kompensiert, war aber nicht beziehungsfähig, sicher nicht liebesfähig und schon gar nicht glücklich.

Helfersyndrom ohne Erfolgsquote

Auch der Wunsch, anderen zu helfen, entsprang vermutlich zum Teil der Sehnsucht nach Erlösung eigener Probleme (wer kennt nicht das berühmte „Helfersyndrom"?). Und in meinem Engagement als Ärztin konnte ich dies natürlich ungeniert ausleben. Wobei mich vom Anbeginn meiner Ausbildung schon eine Frage verfolgte: „WARUM?" Warum wurde jemand krank, warum machten dieselben Schäden verschie-

dene Krankheiten, warum wurden Kranke trotz Behandlung nicht gesund, warum wurden andere ohne Behandlung gesund, warum verliefen dieselben Krankheiten bei verschiedenen Menschen so unterschiedlich? – und so vieles mehr.
Mein Weg durch schulmedizinische Ausbildungsstationen in Klinik und Praxis gab mir keine Antworten, die deuteten sich erst allmählich mit der Kinesiologie an, die ich nach Jahren hausärztlicher Landpraxis kennengelernt hatte. Sie endlich führte mich an den Ursprung von Krankheiten, deckte mir Vielfältiges in unserem Lebensumfeld auf, das ich bis dahin nicht im Entferntesten geahnt hatte.
Nachdem ich zu meinem Erstaunen lernen mußte, daß Amalgam Menschen zu Allergikern machen kann, daß Radiowecker häufig Kopfschmerzen verursachen, daß man durch Narbenfolgen todkrank werden kann, setzten die Erfahrungen mit psychischer Arbeit noch einiges drauf. Vieles hätte ich kaum begreifen können im Erleben mit Patienten, wenn ich es nicht auch am eigenen Leibe erfahren hätte.

Der „Tritt in den Hintern"

Eigentlich begann es schon vor meinem kinesiologischen Zeitalter. Und zwar mit einer langanhaltenden Peri- und Myokarditis (Entzündung von Herzbeutel und -muskel), die mich während meiner gut laufenden Praxis aus dem Verkehr zog und schulmedizinisch auf hilflose Verlegenheitsvorschläge stieß. Hier war mir zwar nicht während der Krankheit, sondern erst nach der Heilung durch alternativmedizinische Methoden bewußt geworden, welchen Sinn die Krankheit hatte: Sie war für mich – bei längst bestehender Empfänglichkeit ohne Umsetzung – der „Tritt in den Hintern", um mich ernsthaft komplementärmedizinischen Heilmethoden zuzuwenden.
Etliche Probeläufe in verschiedensten naturheilkundlichen Disziplinen brachten zwar Einblicke, für mich aber keinen Durchbruch, der sich dann erst mit der Kinesiologie auftat. So wie für meine Patienten, so arbeiteten mein Mann und ich an uns und für uns. Zum einen nutzten wir die Chance zum organischen Großreinemachen, zum anderen half uns die psychologische Kinesiologie, uns immer mehr von alten, hinderlichen Lebensmustern zu verabschieden. Eigene Konflikte, Ängste und körperliche Beschwerden boten immer wieder Motivation und Leitschienen, an uns selbst manche fast unvorstellbare Auswirkung der psychologischen Kinesiologie zu erleben.

So gelang es mir unter anderem, die Bindung zu meiner unerquicklichen Kindheit zu lösen. Was ich mir nicht im Traum hätte einfallen lassen: Vergebung, Versöhnung und Liebe meinen Eltern gegenüber wurden möglich, aus der Tiefe des Herzens heraus und nicht durch eine übergestülpte Einsicht. Endlich war ich frei, frei von Altem, frei für Neues, frei für unvoreingenommene Beziehungen, zu meinem Mann, zu meinen Kindern, zur Familie überhaupt, zu meinen Patienten.
Meine dreijährige Psychotherapieausbildung bestärkte mich in der Erkenntnis, daß die Arbeit mit der Kinesiologie, das Lösen alter belastender Streßfaktoren, unglaublich effektivere Auswirkungen im konkreten Leben hat als manche jahrelangen Analyseformen. Ich ließ mich weiter mutig auf Erfahrungen mit Patienten und auf eigene Prozesse ein, bezog neben der Kinesiologie andere Vorgehensweisen ein, die mich überzeugten, wie z. B. die „Positive Psychotherapie“ nach Dr. Nossrat Peseschkian, oder bildhafte Wandlungsprozesse, die dem katatymen Bilderleben ähneln. Ich streifte das Thema vorgeburtlicher Prägungen, der Reinkarnation und etlicher weiterer Erlebensbereiche. Was mir wichtig war, was Resonanz in mir auslöste, integrierte ich, vieles verblaßte nach vorübergehenden Erfahrungen wieder.

Der zweite „Tritt“

Etliche Jahre später holte mich die Perikarditis wieder ein, ich brach eines Abends mit extremen Schmerzen am Küchentisch zusammen, verweigerte aber, daß mein Mann den Notarzt rief. Schließlich kannte ich die Beschwerden schon, vital bedroht fühlte ich mich nicht, außerdem befürchtete ich eine erneute Odyssee durch die Mühlen der Medizin.
Diesmal half mir die Erfahrung der ersten Erkrankung nicht weiter, durch die ausgetesteten biochemischen Maßnahmen stabilisierte ich mich zwar, blieb aber so krank, daß ich meine Praxis nicht versorgen konnte.
Erst die psychische Bearbeitung deckte den Konflikt auf: Mein „Herzenswunsch“ war es schon seit längerem, nur noch meiner Überzeugung entsprechend zu arbeiten, und das schloß eine kassenrechtliche Reglementierung und Orientierung allein an der anerkannten Medizin aus.
Meine innere Arbeit gipfelte in der Entscheidung, die Kassenzulassung abzugeben. Schon am folgenden Tag hatte ich keine Schmerzen mehr, das EKG und die Laborwerte normalisierten sich innerhalb der nächsten zwei Tage.

Der letzte „Tritt“?

Wieder einige Jahre später erwischte es mich schlimmer denn je, die Perikarditis tauchte verbunden mit einer Pleuritis (Brustfellentzündung) wieder auf, Gelenkschmerzen kamen hinzu und immer wiederkehrende Fieberschübe. Ich ging geradezu dankbar ins Krankenhaus, das ich als geschützten Rahmen für meine innere Arbeit nutzen wollte, zumal der kardiologische Chef einerseits ein As seines Gebietes ist, andererseits aber offen für meine Sichtweise.
Ich brauchte viele Wochen äußeren Rückzugs und innerer Einkehr, die ich mir erstmals im Leben bewußt gönnte. In der Klinik begegnete man meinem Wunsch nach Klärung statt Behandlung mit viel Entgegenkommen. Weniger Verständnis fand ich bei etlichen Freunden, die mich drängten, doch wenigstens die Hilfe von alternativen Verfahren wieder zu nutzen, was ich diesmal jedoch ablehnte. Ich wollte mich nicht verweigern, aber ich wollte diesen Prozeß bewußt erleben und ausleben, ich wollte lernen, aus mir heraus zu spüren, um was es eigentlich geht.
Immerhin war ich 4 Monate ernsthaft krank, mit reichlich klinischen Befunden und recht dramatischen Laborwerten. Ich hatte die Zeit gut genutzt, Ungeklärtes in mir und meinen Beziehungen aufzuarbeiten, was mir zwar gut tat, aber noch nichts an meiner Krankheit änderte. Bis ich mir die Frage stellte, für was in meinem Leben es unabdingbar sein könnte, wieder gesund zu sein. Die Antwort war eindeutig: Eine Familie kann – pardon – notfalls auch mit einer kränkelnden Mutter leben, den Garten konnte auch ein anderer bewirtschaften, ebenso wie Marmelade kochen. Aber was ich kann und was mein größtes Herzensanliegen ist, ist die Weitergabe all dessen, was ich über die und mit der Kinesiologie gelernt habe!
Aber tat ich das nicht schon *von ganzem Herzen?* Schließlich hatte ich sogar konkret begonnen, mein Wissen in ein Buch einzubringen. Dennoch entdeckte ich in mir eine Spannung, das Gefühl, voll auf das Gaspedal zu treten und gleichzeitig auf die Bremse. Meine Qualifikationen zu kennen und der Wunsch, mein Wissen mitzuteilen, waren die eine Seite. Angst vor der Öffentlichkeit im Rahmen unserer Seminare hatte ich auch nicht.
Aber war auch alles wirklich so ausgereift, daß es kritischen Fragen standhalten konnte? (Dabei war ich wohl immer mein strengster Kritiker!) Hatte ich die nötige Basis und das Vertrauen, notorischen Skeptikern, Zynikern und alles niedermachenden „rationalen Wissenschaftlern“ gegenüberzutreten? Ein Buch führt aus dem Heimvorteil eigener

Kursveranstaltungen heraus, bietet schwarz auf weiß Zielscheiben. Konnte und wollte ich das ertragen?

Das entscheidende „Ja"

Die heilsame Entscheidung war ein klares inneres und äußeres „Ja!" zu meinen Fähigkeiten und zu meinen (wie ich meinte, hochtrabenden) Visionen, der konventionellen Medizin eine tragfähige Brücke zu neuen Ufern anzubieten. Es steht weiterhin jedem frei, die Brücke zu benutzen oder sie eines Schulmediziners nicht würdig zu finden, immerhin steht sie jetzt.
Vom selben Tag an hatte ich keine Fieberschübe mehr, seitdem bin ich frei von jeglichen Beschwerden am Herzen und an der Lunge, meine Gelenke sind schmerzlos beweglich. Und alle laborchemischen Befunde sind wieder im Normalbereich.
Wenn ich zurückblicke, hat mir mein Herz konsequent dorthin verholfen, wo ich heute stehe. Es hat immer dort seine Signale gegeben, wo ich nicht „der Stimme meines Herzens" gefolgt war, und das muß eben nicht nur klassische Herzensangelegenheiten betreffen (die bei mir allerdings auch eine begleitende Rolle spielten), sondern die Liebe des Herzens kann ihren Ausdruck ebenso finden in der Entdeckung dessen, was wir als „Lebensaufgabe" betrachten.
Und so schaue ich heute zurück auf spannende Jahre des Erkennens und Lernens, und leider habe ich mir bislang nicht abgewöhnen können, auch für mich Krankheit oder Unpäßlichkeit als Motor eigener Prozesse zu benötigen. Zwar war ich immer der Meinung, ich sei jederzeit bereit, meiner inneren Stimme zu folgen, aber offensichtlich bin ich noch derart schwerhörig, daß ich immer noch die Anstöße durch spürbaren Leidensdruck brauche. Mir scheint es nicht allein so zu gehen, was ich aus einem geradezu genialen Satz von Thorwald Detlefsen entnehme: **„Krankheit erst macht die Heilung eines Menschen möglich."**
Aus dieser Perspektive eigener Lebensgeschichte möchte ich Ihren Blick auf Möglichkeiten lenken, die bestehendes Wissen der Medizin, der Psychologie und Psychotherapie verknüpfen mit sogenannten feinstofflichen* Verfahren und darüber hinaus Wege für jedermann zu Selbsterkenntnis, Selbstbewußtsein und Selbstverantwortung, zu Gesundheit an Körper und Seele, eröffnen.

* „Feinstofflich" sind Methoden und Verfahren, die nicht chemisch analysiert werden können, sich wohl aber in Schwingungsphänomenen ausdrucken wie z. B. Licht, Farbe, Töne, elektrische Reaktionen u.a.

Ein paar Grundgedanken zum Gesundsein

Ein Märchen?

Irene S. hatte alles getan, um ihrer Krebserkrankung Herr zu werden. Zwei Jahre nach der konventionellen schulmedizinischen Therapie (Amputation der Brust, Bestrahlung, Chemotherapie) traten Metastasen in der Lunge auf. Sie wurde nachdenklich, suchte Hilfe in komplementärmedizinischen Bereichen. Sie unterzog sich der Enzymtherapie, der Akupunktur, einer Fieber- und einer Mistelbehandlung, einer allgemeinen Entgiftung und einigen anderen Therapieformen, holte einen Rutengänger und stellte ihr Bett um. Die Metastasen vermehrten sich unbeeindruckt.
Tief verzweifelt suchte sie Hilfe, um mit der Situation psychisch fertig zu werden. Sie begann ihre Lebenssituation aufzuarbeiten, löste sich von der Hoffnung, irgendwo außen ein Allheilmittel zu finden. Nach wenigen Begegnungen, in denen wir mit psychologischer Kinesiologie krankmachende Lebensmuster klärten und lösten, begann sie ihr gesamtes Leben radikal zu verändern, schließlich hatte sie nichts mehr zu verlieren. Sie blühte auf trotz offizieller Lebenserwartung von nur wenigen Monaten. Die Metastagen sind heute –.fünf Jahre nach ihrem Mutsprung in die kalten Tiefen der Psyche – zwar nicht verschwunden, aber auch nicht mehr gewachsen. Ihre Laborwerte sind bei allen Nachsorgeuntersuchungen gut. Sie hat Krebs, und sie ist gesünder denn je.
Der Krebs hat seinen Sinn erfüllt.

„Hängt die Schuldigen“ ?

Wer krank ist, sucht gern Schuldige. Zum Beispiel forschen wir bei Krebserkrankungen neben genetischer Veranlagung nach krebsspezifischen Viren, finden Erklärungen in Konsumgewohnheiten, in hormonellen Schwankungen, in Sonnenstrahlen und vielem anderen.
Auch für andere Krankheiten haben wir reichlich Verantwortliche: Bakterien und Viren, Cholesterinfülle und Kalziummangel, fehlende Transmitter und Gendefekte für die Konservativen, das Ozonloch, die Umweltverschmutzung, Amalgam, Elektrosmog, Pilze, Fast-food-Ernährung und Impfungen für die „Alternativen“. Nun brauchen wir nur noch diejenigen haftbar zu machen, die uns all das angetan haben. Oder?
Sind wir wirklich so ohnmächtig all diesen „Feinden“ ausgeliefert? – Erschöpft sich „Eigenverantwortung“ darin, in der Apotheke ein pflanzliches Medikament zur Cholesterinsenkung zu kaufen?

Normal oder natürlich?

Es ist einfach, an eine vernünftige Lebensweise und gesunde Ernährung zu appellieren. Wer aber fragt eigentlich, **warum** wir ungesund leben, **warum** wir uns falsch ernähren, zuviel rauchen, arbeits-, fernseh- oder freizeitsüchtig sind? Warum tun wir uns das an, den Körper mit grausamen Emährungsfoltern zu quälen, uns in elektronische Medien zu verlieren, uns der Sucht statt der Suche hinzugeben? Welche Instanz in uns entscheidet, so zu leben, daß Krankheit die logische Folge ist? Es mag zwar „normal“ geworden sein, entgegen der eigenen Natur zu handeln, wenn Normalität definiert wird als das Verhalten der Mehrheit. „Natürlich“ ist das noch lange nicht.
Hier möchte ich ansetzen und zeigen, daß äußeres Verhalten ebenso wie die Entstehung von Krankheiten auf inneren Mustern basiert. Sobald wir innen mit Veränderungen beginnen, wird es sich zwangsläufig auch außen manifestieren. Natürlich können wir verbissen an der Gesundheit unseres Körpers arbeiten mit Diäten, Fitneßtraining und Aufbaupillen – so wie wir mit großem Einsatz unser Auto warten und pflegen. Wenn wir uns aber nicht in das Auto hineinsetzen, mit ihm eine Einheit bilden, um eine Reise anzutreten, ist der ganze Aufwand der Pflege nutzlos. Ein Auto um des Autos willen, wo wäre da der Sinn?

Das Vehikel unseres Lebens

Wie das Automobil uns eine Be-Weg-ung oder eine Reise ermöglicht, so führt uns der Körper durch die Reise unseres Lebens, so läßt er uns Erfahr-ungen machen, die nur über die Sinne und Empfindungen unseres Körpers möglich sind. Doch so wie das Auto nicht über das Ziel der Reise entscheidet, entscheidet der Körper nicht über den Weg des Lebens. Der Fahrer benutzt das Auto für seine Zwecke, unsere Persönlichkeit – oder nennen Sie es Ich, Selbst, Seele – den Körper. Zwar hat auch der Körper seine Rückwirkung auf die Psyche (welcher Fahrer wäre nicht stolz auf seine Luxuslimousine oder bangt bei defekten Bremsen um seine Sicherheit), aber der entscheidende Impuls geht vom Fahrer auf den Wagen, von Psyche und Bewußtsein auf den Körper aus und nicht umgekehrt.
Und so ist die materielle Grundlage die eine Seite, die es zu berücksichtigen gilt. Niemand würde Diesel statt Super tanken und sich beklagen, daß der Wagen streikt (und beim Körper??).
Ob ein Mensch jedoch glücklich, gesund und leistungsfähig ist und bleibt, hängt sicher nicht nur von der Erbmasse und dem äußeren Umgang mit dem Körper ab (wie viele verbiesterte Gesundheitsfanatiker habe ich schon gesehen!), sondern wie er seine Reise durch das Leben antritt. Selbst mit der schönsten Luxuslimousine kann sich der Fahrer ausschließlich im Kreis bewegen oder sie aus Furcht vor Schäden in der Garage verkümmern lassen, selbst mit einem „alten Kasten" können Sie eine Abenteuerfahrt in fremde Länder antreten. Entscheidend für den Weg ist der Fahrer, nicht das Auto. Und wenn ich Ihnen im 1. Band (*Gesund durch analytische Kinesiologie*) etwas über „Autopflege" erzählt habe, so möchte ich mich in diesem Buch dem Fahrer und der Reise zuwenden – vielleicht mögen Sie mich begleiten, vielleicht darf ich Sie ein Stück begleiten?
Obwohl es in der Hoch-Zeit unseres materiell-wissenschaftlichen Denkens vorübergehend verpönt und verdrängt war, ist andererseits seit Jahrtausenden bekannt, daß Körper, Psyche und Geist eine untrennbare Einheit bilden und daß es Hierarchien in ihrem Zusammenspiel gibt. Da das nichts Neues ist, gibt es natürlich schon Tausende von Büchern, die sich mit diesen Wechselwirkungen und der Kraft der Psyche auseinandersetzen, von hochwissenschaftlich über laienhaft verständlich bis zu banalen Platitüden. Nichts liegt mir ferner als ein Aufguß vorhandener Erkenntnisse, auch wenn Sie hier Bekanntes wiedertreffen werden.

Der einfache Weg

Auch die psychologische Kinesiologie habe ich nicht neu erfunden, und doch werden Sie hier keinen Abklatsch kinesiologischer Selbsthilfetechniken finden, deren Ratgeber der Markt reichlich bereithält und die eine wirkungsvolle Unterstützung bieten können (z. B. Lesch: „Kinesiologie – aus dem Streß in die Balance").
Mir geht es wieder, wie in dem 1. Band, um generelle Einsichten, grundsätzliche Erkenntnisse, die Rückführung zu den Wurzeln unserer psychischen Entwicklung – und die erstaunliche Auswirkung einer geringfügigen Handlung, des Streß-Release, um sich bewußt von den erkannten Traumata und Fehlprägungen zu lösen. Obwohl (oder gerade weil) ich psychotherapeutisch ausgebildet bin, grenzt es für mich an ein Wunder, auf welch einfache Art es oft möglich ist, Menschen auf dem Weg zu einem authentischen Leben zu begleiten.

- „Einfach" bedeutet dabei nicht, daß eine unbeteiligte Routine heruntergespult werden kann, um damit Erfolg zu haben.
- „Einfach" heißt, daß es Hilfsschienen gibt, mit denen der Zusammenhang von Ursache und Wirkung im eigenen Leben dargestellt werden kann, daß wir an einem aktuellen Konflikt oder Symptom arbeiten, einen gezielten Blick in die Ursachen in der Vergangenheit werfen und die Verknüpfung zwischen beidem durch eine minimale Handlung aufheben können, so daß der Weg frei wird für neue und unbefangene Entscheidungen.
- „Einfach" heißt, daß die vielfältigen Erscheinungsfornnen unserer Charaktere, Persönlichkeiten, Lebensformen, Emotionen und Symptome auf wenige archetypische Prägungen zurückgeführt werden können.
- „Einfach" heißt, daß jedem von uns die Lebensprinzipien zugänglich sind, daß jeder sie verstehen und letztlich umsetzen kann.
- „Einfach" heißt, daß nicht jeder Konflikt und jedes Problem an eine Fachinstitution abgegeben werden muß, sondern daß sich die Lösungen des Alltags oft schon mit gesundem Menschenverstand, Einfühlungsvermögen und etwas kinesiologischer Hilfe finden.
- „Einfach" heißt, daß psychotherapeutisches Arbeiten effektiver, ökonomischer, kostengünstiger wird.
- „Einfach" heißt *nicht,* daß die psychologische Kinesiologie simpel oder banal ist.

Worum es mir geht, ist ebenfalls sehr einfach:
Ich möchte Ihnen – wie auch schon im 1. Band – etwas von dem genia-

len Geschenk der Kinesiologie weitergeben, möchte zeigen, wie auch und gerade die psychische Seite unseres Lebens den Kurs bestimmt, was Sie tun können, um hinderliche Muster und Prägungen zu erkennen und zu überwinden. Ich möchte Ihnen Wege vorstellen, die (zurück-) führen zu Selbst-Bewußtsein, Selbst-Achtung, Selbst-Bestimmung und Selbst-Verantwortung. Wege, die uns aus Ängsten und Abhängigkeiten führen, um das eigene Leben immer freier und autonomer zu gestalten, um gesünder und glücklicher zu werden.

Dabei ist das Prinzip der psychologischen Arbeit mit dem Muskeltest ebenso einleuchtend wie die Hinführung zu anderen Krankheitsursachen. Mir geht es darum, dieselbe Logik, dasselbe Prinzip der Erkenntnis auf der psychischen Ebene fortzusetzen, wie wir es schon in „Gesund durch analytische Kinesiologie" für organische Grundlagen getan haben. Auch hier heißt es: Je genauer wir den Ur-Schaden benennen können, desto effektiver läßt er sich beheben. Der Muskeltest bietet dazu ein hervorragendes Werkzeug.

Für die gesamte Arbeit, die ich Ihnen in den folgenden Kapiteln vorstellen möchte, sind zwei grundsätzliche Aspekte herauszustellen:

- Es gilt zum einen, die Kraft der Psyche, des Un(ter)bewußten generell, wiederzuentdecken und anzuerkennen,
- zum anderen, die spezifischen Möglichkeiten der Kinesiologie in diesem Prozeß zu verstehen.

Das Dilemma der konventionellen Psychotherapie...

Immer mehr setzt sich auch in medizinischen Kreisen die Erkenntnis durch, daß die Psyche ein enormes Potential birgt, über Gesundheit und Krankheit zu entscheiden. Der Andrang zu psychosomatischer Zusatzausbildung im Arztberuf spiegelt für mich das Bedürfnis wider, mehr über das komplexe Zusammenspiel von Seele und Körper zu verstehen und die verborgenen Kräfte zu nutzen. Forschungszweige wie die Psychoneuroimmunologie versuchen die Vernetzungen zu klären, wie Gefühle und Konflikte sich im Organismus stofflich umsetzen.

Die Psychosomatik ist eine noch relativ junge Richtung der Medizin mit einem schweren Stand, weil sie von klinischen Disziplinen nicht recht ernstgenommen wird. Nur wenn alle übrigen Fachrichtungen nicht weiterkommen und die Patienten sich trotzdem nicht abspeisen lassen, kommt die Psyche in den Sinn. Meist werden dann Psychopharmaka verordnet (wie dürfte sich mancher Chef freuen, wenn der Angestellte friedlich noch mehr Überstunden schiebt!). Hin und wieder wird der Gang zum Psychiater angeraten, selten zum Psychotherapeuten überwiesen.

Vertrackt ist dabei jedoch schon die Unkenntnis, selbst unter Ärzten, daß Psychiatrie und Psychosomatik zumindest nach schulmedizinischen Kriterien keinerlei Gemeinsamkeiten haben, daß auch der Psychiater ebenso wie jeder andere Facharzt primär über die Psychosomatik nicht ausgebildet wurde.

Erschwerend kommt das schlechte Image psychischer Erkrankungen hinzu, denn lange Jahre galt in der Medizin ausschließlich das Meß- und Machbare, auf „Nerven“, „Psyche“ und „Gefühle“ wurde mit unverhohlener Verachtung herabgesehen. Die Empfehlung zur psychischen Bearbeitung entsprang eher dem Motiv, wenigstens „irgend etwas zu

tun", vielleicht sogar, lästige „Hypochonder" loszuwerden, selten jedoch aus der Überzeugung, daß dort die wirkliche Quelle der Hilfe liegen könnte.
Und dies gilt selbst für etliche Erkrankungen, die seit langem als psychosomatisch anerkannt sind (Migräne, Hypertonie, Bronchialasthma, Zwölffingerdarmgeschwüre, Colitis ulcerosa und viele andere), aber immer noch einen größeren Etat für rein symptomatisch wirkende Medikamente verschlingen, als eine ursächlich ansetzende Psychotherapie vermutlich jemals kosten würde.

Denn eine effektive Psychotherapie (die Effektivität steigert sich erheblich, wenn Sie die Kinesiologie einbeziehen!) ist irgendwann beendet, der Patient voraussichtlich gesund. Eine medikamentöse Symptomunterdrückung muß lebenslänglich erfolgen und zieht bekanntlich meist noch die Risiken dervielfältigen Medikamentennebenwirkungen nach sich. Der Patient bleibt ewig Patient, und schon allein die Argumente zur Kostenersparnis müßten eigentlich nach einer ökonomischeren Behandlungsweise schreien.

Was für ein Widerspruch war es bisher, daß zwar bei unerklärlichen Beschwerden behauptet wurde, es sei „nur" die Psyche, daß man ihr aber gleichzeitig jegliche Macht absprach, auf den Organismus *heilsam* einzuwirken!
Schon daß man Wirkungen, die schulwissenschaftlich nicht zu erklären sind, auf die Suggestion schiebt, ohne das Phänomen der Suggestion im Positiven weiterzuverfolgen, bleibt für mich ein Rätsel.
Selbst wenn wir uns trotz mancher Vorurteile nach professioneller Hilfe umsehen: Noch liegen Termine bei den meisten Psychotherapeuten in unerreichbarer Ferne. Bis dahin haben wir in der Regel entweder das Problem gelöst oder sind dem Problem erlegen!
Unser Gesundheitssystem trägt zu dieser Problematik bei, indem Psychotherapien genehmigungspflichtig sind, sie müssen über einen aufwendigen bürokratischen Weg bei den Krankenkassen beantragt werden. Da sich diese Genehmigung dann jedoch gleich auf einen längeren Behandlungszeitraum bezieht (meist 25, 40 oder 50 Sitzungen, und das einmal pro Woche!), kommt diese Art der therapeutischen Begleitung ohnehin nur wenigen zugute.

... und die mögliche Abhilfe durch Kinesiologie

Könnte die Arbeit mit psychologischer Kinesiologie in den Alltag von Psychotherapeuten wie auch von anderen Helfern Einzug halten, so wären mehrere erstrebenswerte Ziele auf einmal erreicht:

- konventionelle Psychotherapien wären effektiver, die Therapeuten würden Zeit gewinnen, die wieder für neue Klienten zur Verfügung stünde;
- nicht speziell geschulte Berater würden mehr Sicherheit erlangen, könnten effektiver handeln sowie leichter entscheiden, wo professionelle Hilfe nötig ist;
- durch die eindeutige Zuordnung von psychischem Konflikt und körperlichem Symptom würde die klinische Medizin erheblich entlastet;
- immer mehr Menschen könnten sich immer autonomer entwickeln

durch

- die Muskeltest-Analyse emotionaler Muster und
- die Lösung alter Prägungen mit dem Streß-Release.

Hierdurch verändern sich alteingefahrene Fehlprägungen und Ängste so schnell und durchgreifend, daß die Erfolgserlebnisse nicht nur Patient und Therapeut gut tun und motivieren, sondern auch – ganz pragmatisch – die psychische Verarbeitung wesentlich beschleunigt wird.

Aus meiner Arbeit kann ich sagen, daß nur wenige Patienten eine längere Wegbegleitung benötigen. Die meisten haben mit Hilfe der Kinesiologie nach 5–10 Sitzungen soviel Boden gewonnen, daß sie ihren Weg allein weitergehen. Und die vereinzelten Patienten, die ich wegen gravierender Störungen kontinuierlich über mehrere Jahre betreut habe, habe ich in der Regel nicht öfter als alle 4–6 Wochen gesehen, mit zunehmenden Abständen.

Schon die Terminprobleme bei Therapeuten, wie auch vielleicht das schlechte Image von Psychotherapien, veranlassen viele Menschen, sich an außermedizinische Institutionen zu wenden, sie suchen ihr Heil in verschiedensten Angeboten alternativer Verfahren. Manchen wird geholfen, sie laufen jedoch auch immer Gefahr, an selbsternannte Gurus und sektiererische Gruppen, in Angst und Abhängigkeit zu geraten, statt Autonomie zu erlangen.

Neue Wege sind also zum Wohle aller Beteiligten angesagt, die psychologische Kinesiologie könnte einer von ihnen sein. Dabei ersetzt sie die Psychotherapie nicht, sondern erweitert sie. Beide zusammen jedoch lassen sich zu einer fast unschlagbaren Synthese vereinigen!

Grundsätzliches der psychologischen Kinesiologie

Ausgehend von einer Gesundheitsstörung, einem Problem oder einem aktuellen Thema, verfolgt die psychologische Kinesiologie über eine Muskeltest-Analyse den Faden durch das Labyrinth des Lebens bis zum eigentlichen Ursprung eines Musters, einer Angst, eines Konflikts oder einer Krankheit.

Mit dieser Erkenntnis und durch eine einfache Behandlung im Sinne des Touch for Health (Streß-Release – siehe später) wird die Verknüpfung von Damals und Heute gelöst, gebundene Kräfte werden freigesetzt, neues unabhängiges Entscheiden, Handeln und Erleben wird möglich. Und dieses ohne Verlust des Bewußtseins, ohne Manipulation, ohne Aufgeben der kompensatorischen positiven Stärke.

Einfachere Konflikte oder Zwänge lassen sich gleichermaßen lösen wie schwere Traumata. Sucht und Abhängigkeit jeglicher Art, reaktive und „endogene" Depressionen, Eßverhaltensstörungen, Ängste und Panikattacken sind ebenso erreichbar wie natürlich psychisch bedingte organische Krankheiten.

Wenn Sie sich ernsthaft darauf einlassen, ist Ihnen Erfolg gewiß! Und „ernsthaft" beinhaltet selbstverständlich, sich Wissen und Kompetenz anzueignen, zu der dieses Buch Sie vielleicht anspornen kann, diese aber keinesfalls ersetzt.

Sobald Sie Ihre Antennen ausfahren, können Ihnen die Herausforderungen der psychologischen Kinesiologie auf sehr unterschiedliche Weise begegnen. Wenn Sie Psychotherapeut oder Psychologe sind, ist es üblich, daß die Menschen ein Problem oder einen Konflikt an Sie herantragen. Wenn Sie die gute Freundin sind, werden Ihnen andere ihr Herz ausschütten. Wenn Sie als Arzt oder Heilpraktiker arbeiten, werden sich

die meisten Patienten primär mit körperlichen Beschwerden an Sie wenden, und Sie müssen erst den Weg zu den psychischen Hintergründen bahnen. Ich kenne sogar Zahnärzte, die ihre zähneknirschenden Patienten durch ein Streß-Release von Aufbißschienen befreien oder Zahnfehlstellungen korrigieren konnten!
Aber wie kommen wir dahin, die Grundstruktur einer Prägung zu erkennen? – Hier schlägt wieder mal die Stunde des Muskeltests.
Was wir brauchen, ist ein Indikater für Faktoren, die zu einer aktuellen Situation beigetragen haben, die uns helfen, das Verhaltensmuster, die Lebenseinstellung oder die Angst ihrer Entstehung zuzuordnen. Solche Faktoren werden in der Kinesiologie *Stressoren* genannt.

Ein Stressor ist – psychologisch gesehen – also etwas (ein Begriff, eine Person, ein Zeitrahmen, ein Umfeld), das unbewußt zu jetzt noch wirksamen Reaktionen gehört.

Wenn wir von diesen Stressoren so viele zusammengetragen haben, daß das Ur-Ereignis, die Ur-Prägung daraus hergeleitet werden kann, haben wir eine ausgezeichnete Psychoanalyse durchgeführt. Sie ist die Basis für die emotionale Auflösung über das Streß-Release.
Bevor wir diese Psychoanalyse per Muskeltest anschauen, fasse ich auf den folgenden Seiten noch einmal die wesentlichen Aspekte des Tests zusammen, wie sie für die weitere Arbeit benötigt werden. Wenn Sie neugierig sind auf mehr, steht es Ihnen immer noch frei, im 1. Band „Gesund durch analytische Kinesiologie" die Hintergründe zu erforschen.

Grundlagen des Muskeltests

In dem umfangreichen Spektrum all dessen, was zur Kinesiologie gerechnet wird, spielt der Muskeltest eine zentrale Rolle. Mit einem einfachen Test der willkürlichen Muskelreaktion läßt sich nachweisen, was sich auf den Organismus eines Menschen als „Streß" auswirkt, was ihm in irgendeiner Hinsicht schadet. Dies gilt sowohl für Substanzen wie für verschiedene Sinneseindrücke (Bilder, Farben, Geräusche, Gerüche u.v.a.), für Beeinträchtigung elektrischer Körperfunktionen wie auch für unverarbeitete psychische Erlebnisse.

Neuromuskuläre Entkopplung

Bei „Streß" reagiert die gesamte Skelettmuskulatur mit einer sogenannten neuromuskulären Entkopplung, d. h., der Handlungswille kann sich für einen Augenblick nicht in eine Muskelaktion umsetzen.
Dies ist eine grundsätzlich sinnvolle Einrichtung unseres Körpers, um die Muskulatur in Gefahrensituationen für reflektorische und instinktive Reaktionen freizugeben. Konkret für den Muskeltest heißt das folgendes:
Man kann überprüfen, ob eine willkürliche Handlung umgesetzt werden kann. Diese Handlung ist ein gezielter Krafteinsatz, um – in unserer Testhaltung – den gestreckten Arm in waagerechter Position zu halten (es gibt darüber hinaus viele weitere Möglichkeiten, da ja die gesamte Skelettmuskulatur diesem physiologischen Gesetz unterliegt).
Unsere Standardtesthaltung sehen Sie in der untenstehenden Abbildung: Der Arm ist waagerecht nach vorn ausgestreckt.
Der Tester versucht, durch Druck auf den Unterarm (etwa 1 Sekunde) diesen nach unten zu bewegen, und überprüft so die Haltekraft der

Schultergürtelmuskulatur. (Dieselbe Armhaltung ist auch im Liegen möglich, was ich bei psychotherapeutischer Arbeit immer vorziehe, weil die Patienten sich besser entspannen und konzentrieren können.)
In einer positiven oder neutralen Situation kann die getestete Person den Arm leicht in der Position halten, bei negativem Einfluß gibt der Arm nach, er verliert Kraft, weil sich das willkürliche Nervensystem in seiner Wirkung auf die Muskulatur für einen Augenblick nicht durchsetzen kann.

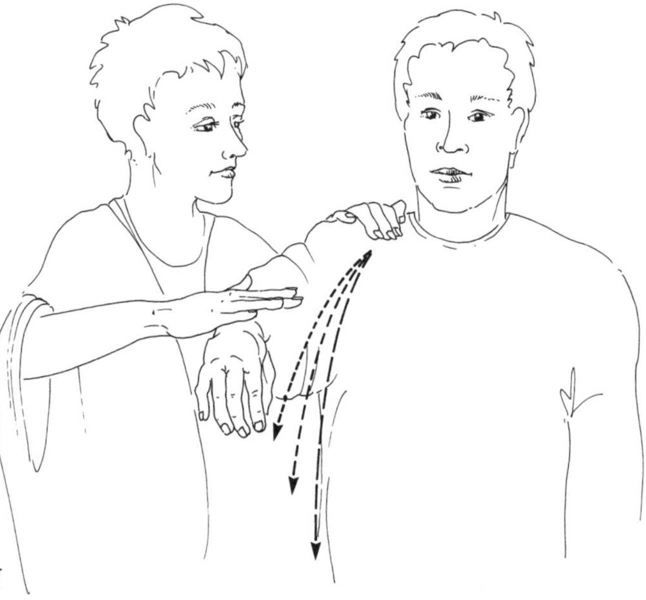

Testhaltung

Check-up über Alarmpunkte

Dies geschieht, wie oben schon angesprochen, auf jeglichen Sinnesreiz, bei Körperkontakt zu Substanzen, ebenso aber auch auf Vorstellungen von Bildern und Ereignissen. Außerdem können Sie auf diese Weise über Reflexzonen die Organsysteme und Meridiane als generelles Gesundheits-Check-up überprüfen (siehe Band 1). Wenn der Arm bei gleichzeitiger Berührung eines Alarmpunkts nachgibt, wird damit eine Störung im dazugehörigen System des Körpers signalisiert.

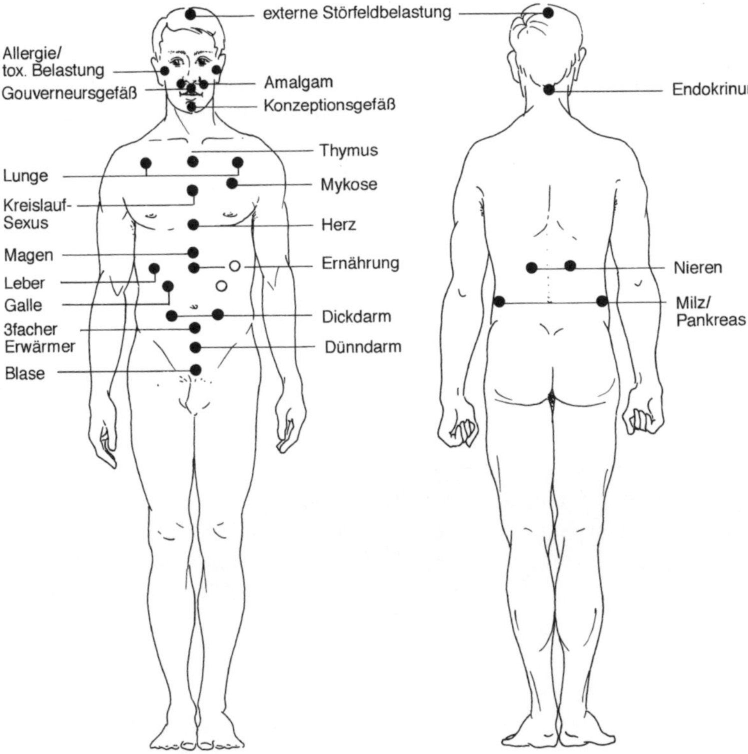

Alarmpunkte

Modalitäten als Ursachenforscher

Die Art der Störung – strukturelle, biochemische, elektrische und psychische Krankheitsursachen – kann über die sogenannten *Modalitäten* kinesiologisch nachgewiesen werden. Hierbei werden jeweils Daumen und ein Finger derselben Hand zu einem Ring geschlossen, jeder Fingerschluß weist auf einen eigenen Modus hin.
Emotionale Ursachen, um die es uns in diesem Band ausschließlich geht,

drücken sich durch Kontakt der Kuppen von Daumen und Ringfinger aus.

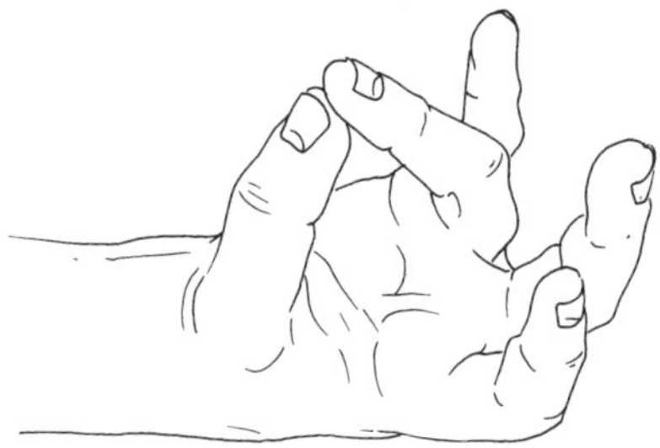

Fingerkontakt Emotionalmodus

Konkret im therapeutischen Alltag heißt das:
Bei jedem Patienten führe ich in der Regel ein allgemeines Check-up durch, indem ich jeden Alarmpunkt eines Meridians bzw. Systems berühre und dabei den Arm als Indikator teste. Ein geschwächter Muskel zeigt an, daß eine Belastung vorliegt. Während der Alarmpunkt weiterhin berührt wird, soll der Patient der Reihe nach Daumen und Zeigefinger, Daumen und Mittelfinger usw. zusammenführen, jedesmal wird wieder der Armmuskel getestet. Sofern der Alarmpunkt bei einem Fingerkontakt weiter den Muskel schwächt, kann in dem dazugehörigen Modus der Grund der Störung gesucht werden.
Wenn also z. B. der Punkt „Magen" den Testmuskel schwächt und bei gleichzeitiger Berührung Daumen/Ringfinger der Muskel weiterhin geschwächt bleibt, während er bei Kontakt der anderen Finger wieder stark wird, dann ist der Schluß erlaubt, daß ausschließlich emotionale Ursachen für eine Belastung des Magens verantwortlich sind. (Vorsicht jedoch: „*Ursache* im psychischen Bereich" heißt nicht, daß sich dadurch nicht schon Organisches, wie z. B. ein Geschwür, als *Folge* manifestiert hat! Durch diesen Testhinweis erübrigt sich nicht die Abklärung des medizinischen Zustands.)
Der Einsatz der Testpunkte und der Modalitäten ist nicht generell erforderlich für die Arbeit an psychischen Problemen, bietet sich aber ganz besonders für Therapeuten an, die auch wegen körperlicher Beschwerden konsultiert werden bzw. in der psychosomatischen Medizin.

Während in der medizinischen Anwendung der analytischen Kinesiologie die Ursachenforschung hauptsächlich über Testpunkte am Körper und über Testsubstanzen erfolgt, spielen diese in der psychologischen Kinesiologie eher eine untergeordnete Rolle. Dafür müssen wir uns hier mehr mit anderen Testqualitäten vertraut machen, die in der klinischen Arbeit seltener gebraucht werden: die bildhafte Vorstellung, verbale Stressoren, der „Lügendetektor" sowie generell das verbale Testen.

Bildhafte Vorstellungen

Daß bildhafte Vorstellungen eine körperliche Reaktion in uns auslösen, ist eine banale Feststellung (beim Gedanken an ein leckeres Essen läuft schon das Wasser im Mund zusammen, bei erotischen Phantasien spricht der Körper mit sexueller Erregung an, beim Gedanken an einen Gruselfilm können sich die Nackenhaare sträuben).
Daß der Muskeltest auf ein negatives inneres Bild mit Schwächung reagiert, ist geradezu Gesetz. Wobei ich immer wieder fasziniert feststelle, daß tatsächlich der *unbewußte* Streß angezeigt wird und nicht das Wunschdenken (auch wenn wir uns zur Zeit scheinbar hervorragend mit dem Partner verstehen, kann der Muskel nachgeben, wenn Unerledigtes in der Beziehung schwelt).

Verbale Provokation

Üblicherweise läßt sich auch gut nachvollziehen, daß das Unterbewußtsein auf Wörter eine Streßreaktion (= Schwächung des Testmuskels) zeigt, mit denen Unangenehmes assoziiert wird.
Erwähnenswert ist dabei, daß absolut harmlos wirkende Begriffe zum Stressor werden, wenn sie Signalcharakter haben. (Das Wort „Anerkennung" ist für sich positiv, wenn jedoch Anerkennung genau das ist, was am meisten entbehrt wird, löst das Nennen dieses Begriffs Streß aus. Dazu mehr im Kapitel „Indiziensuche".) Gerade dadurch führen diese Wörter aber in die unverwechselbare Geschichte des Individuums.

„Lügendetektor"...

Ebenso spielt das Unterbewußtsein eine führende Rolle beim Einsatz

des „Lügendetektors". Wenn die getestete Person einen Satz ausspricht, z. B. „Rom ist die Hauptstadt von Italien", dann wird der Arm beim Test stark bleiben. Bei der Aussage „Rom ist die Hauptstadt von Belgien" wird er nachgeben. Warum?
Das Unterbewußtsein weiß die richtige Antwort. Wenn eine andere Behauptung ausgesprochen wird, entsteht durch den Widerspruch ein Konflikt. Konflikt ist jedoch identisch mit Streß, und so muß der Arm bei einer unwahren Aussage schwach werden.
Zu diesem „Lügendetektor" und seinen Steuerungsmechanismen durch verschiedene Bewußtseinsschichten finden Sie Ausführliches in „Gesund durch analytische Kinesiologie", jedoch greife ich hier noch einmal heraus, was gerade für psychische Belange besonders wichtig ist:

... ohne Gewähr

Mit dem Lügendetektor kann nichts erzwungen werden. Wenn Sie damit Ihre Kinder überführen wollen, daß sie von der Schokolade genascht haben, wird das nicht gelingen. Im Unterbewußtsein spielt sich beim Testen wesentlich mehr ab, als nur eine bloße Reaktion auf Gut und Schlecht, auf Streß und Nichtstreß.
Wir würden die Intelligenz des Geistes völlig unterschätzen, wenn wir es bei dieser mechanistischen Betrachtung belassen. Diese Intelligenz gleicht nämlich alle Einflüsse und Eindrücke miteinander ab, so auch die Rechte des Individuums und die Folgen eines Testergebnisses. Es beurteilt unter anderem auch die Qualitäten des Therapeuten und das Verhältnis zu ihm, ebenso wie die innere Bereitschaft, sich einem Thema zum derzeitigen Zeitpunkt zu stellen.
Es signalisiert üblicherweise dem Tester gegenüber seinen „Unwillen", indem die Testergebnisse auf einmal unlogisch werden oder Widersprüche auftreten. Oder das Antwortsystem der Muskulatur „blockiert" und läßt überhaupt keine Differenzierung in der Aussage mehr zu, d. h., der Arm bleibt stark, egal, welche Reize auf die Person einwirken.

> Generell noch eine Anmerkung zum verbalen Testen: Seien Sie nicht enttäuscht, wenn es sich praktisch schwieriger erweist als erwartet.

War ich in meiner vorkinesiologischen Zeit fest davon überzeugt, daß ich klar formulieren konnte, so merkte ich durch eigenartige Reaktionen

beim verbalen Test, daß ich sprachlich gepfuscht oder mich doppeldeutig ausgedrückt hatte.
Andererseits: Da muß man durch, und es hilft nichts als Übung und Selbstbeobachtung, oder zum Beispiel der Austausch in Übungsgruppen und Arbeitskreisen. Ich kann es Ihnen nicht schriftlich vermitteln, möchte aber auf die Fallstricke wenigstens hinweisen.
Dieser kurze Einblick stellt Ihnen einen Auszug wesentlicher Grundlagen vor, die Ihnen helfen, das Folgende grundsätzlich besser zu verstehen, sofern Ihnen die Kinesiologie noch fremd ist. Band 1 beinhaltet in aller Tiefe deren Hintergründe bis hin zur umfassenden Testanleitung, hier biete ich Ihnen nur einen kurzen Abriß zum Auffrischen der Erinnerung und nicht als Arbeitsgrundlage.

> Ich betone noch einmal, daß stimmiges Testen das Fundament grundlegender Kenntnisse und sicherer Handhabung erfordert, wo immer Sie sich dieses auch angeeignet haben.

Das Psycho-Puzzle

Wenn ein Patient in meine Praxis kommt, wissen wir beide meist noch nichts darüber, was hinter seinem Problem steckt. Irgendwie gilt es, einen Faden zu packen, an dem wir uns zum Kern vorarbeiten können, sei es, daß ihn organische Symptome zu mir führen (über die Modalitäten muß geklärt sein, daß tatsächlich psychische Ursachen dahinterstecken!), sei es eine Ehekrise oder undefinierte Angst. Der individuelle Hintergrund präsentiert sich meist nicht unmittelbar, sondern muß in gemeinsamer Detektivarbeit erforscht werden.

Die Schwierigkeit in den therapeutischen (oder auch sonstigen beratenden) Gesprächen liegt darin, daß wir unsere psychischen Prägungen selbst nicht bewußt kennen.

Wenn wir immer wieder in problematische Beziehungen hineinrutschen, uns immer nur die „falschen" Partner begegnen, immer nur der unfähigere Kollege eine Gehaltserhöhung bekommt, dann fällt uns nur selten die ursprüngliche Ersterfahrung unseres Lebens ein. Aber diese Ersterfahrungen sind es eben, die uns das Leben so schwer machen (wie gern würden wir vielleicht Spinat essen, wenn wir ihn als Kind nicht unter Drohungen hätten schlucken müssen!). Nur liegen sie üblicherweise im Dunkel unserer Verdrängung.

Um diesen Schatz der Erinnerung zu heben, sind schon viele Methoden entwickelt worden, die Psychoanalyse schafft es über freie Assoziationen, Geduld und Beharrlichkeit, der Hypnose gelingt es durch gelenkte Fokussierung des Bewußtseins.

Der Kinesiologie gelingt es durch das Aufdecken von Stressoren über den Muskeltest.

Das heißt, mit dem Test durchforsten wir alle Lebensbereiche, alle üblichen Begriffe menschlichen Erlebensspektrums und psychologischer Entwicklungsschritte. Wir suchen auf diese Weise Indizien aus dem Unterbewußtsein, die das Erinnern leichter machen. Wenn Sie sich nicht mehr an Sonntag, den 14. Oktober, erinnern, dann wird er Ihnen klar vor Augen stehen bei dem Hinweis, daß an dem Tag Tante Klara über den matschigen Mohnkuchen gemeckert hat – Mohnkuchen und Tante Klara wären hier hilfreiche Stichworte als Leitschiene in Ihre Erinnerung.

Was wir also für unsere Indiziensuche brauchen können, sind Stichwortlisten, die soviel und so genau wie möglich von den Umständen beschreiben, die zu dem bearbeiteten Konflikt gehören, um die Tür zu Vergessenem zu öffnen.

Wie bei einem Puzzlespiel werden Sie in einem Fall nach wenigen Steinen an entscheidenden Stellen, in einem anderen erst mit einer Vielzahl von Steinchen ein Bild erkennen können, das Sie in Ihrer Vorstellung zu einem Ganzen zusammenfügen. Diese Stressorensteinchen müssen wir mit dem Muskeltest herausfinden. Wenn sie den Muskel schwächen, legen wir sie zu den Indizien, die uns auf die Spur des gesuchten Erlebens führen.

Die Puzzlesteine bzw. Stichwortlisten, mit denen ich in meiner Arbeit gute Erfahrungen gemacht habe, stelle ich Ihnen hier vor. Vorab aber ein Beispiel aus einem unserer Seminare, das Ihnen die geniale Syntheseleistung des Unterbewußten zeigt:

Kurt M. stand zwischen zwei Frauen. Mit der ersten, einer langjährigen Freundin, verband ihn ein kameradschaftliches Verhältnis, Vertrautheit, Verläßlichkeit, aber beide waren sich einig, daß es nicht „die große Liebe" war, man schätzte sich und konnte die Routine des Alltags gut teilen. Dann war ihm die Frau begegnet, bei der es „funkte". Er spürte eine tiefe Sehnsucht, sich auf das Abenteuer einer Beziehung einzulassen. Der Konflikt bestand weniger darin, daß seine derzeitige Freundin sich verletzt fühlen konnte, sie selbst hatte schon mehrfach eine Trennung vorgeschlagen, da das gemeinsame Leben nicht lebendig genug sei. Es ging ihm eher darum, daß er die Sicherheit nicht gegen das vage Abenteuer eintauschen konnte. Gleichzeitig stand er vor einer weiteren Entscheidung, nämlich sich in seinem Beruf selbständig zu machen, was für ihn ebenfalls mit unangenehmen Gefühlen verbunden war, obwohl er dazu durchaus in jeglicher Hinsicht in der Lage war. Zwischen beiden Situationen sah er keine Verbindung

Wir schlugen ihm das Testen von Puzzlesteinchen vor. Aus der Kiste holten wir die Begriffe „entmutigt", „altes Trauma nicht verarbeitet", „Lebensalter 6 Jahre", „jüngerer Bruder" heraus. Kurt M.

konnte sich kaum an die Kindheit erinnern, jedoch fiel ihm eine Szene ein, die er dieser Zeit in etwa zuordnete. Während seine Mutter für einige Wochen ins Krankenhaus mußte, wurde er bei den Großeltern untergebracht. Der Großvater unternahm vieles mit ihm, überall durfte er dabei sein: Sie bauten gemeinsam Vogelhäuser, beobachteten Tiere bei einer Geburt, werkelten praktisch in Haus und Hof. Kurt fühlte sich wichtig und lebendig. Seine Augen strahlten, als er davon sprach, erloschen fast, als er von der streng reglementierten Kindheit an sich erzählte. Den Hinweis auf seinen Bruder konnte er nicht einordnen.

Die Seminarsituation erschwerte Herrn M. ein konzentriertes Einlassen auf das Thema mit freien Assoziationen. Wir boten ihm ein Streß-Release zur allgemeinen Entlastung an, ohne den Zusammenhang zur heutigen Situation in allen Facetten verstanden zu haben. Im Streß-Release (eine Situation konzentrierter Entspannung, mit gleichzeitiger Behandlung zweier Reflexpunkte, Näheres später) erlebte Kurt M. die Situation seiner Kindheit wie in einem Film. Er fühlte sich als der kleine Junge, der von seinem Großvater schon ganz für voll genommen wurde, der am spannenden Prozeß des Lebens teilhaben durfte. Er sah, daß er in das behütete und eher langweilige Elternhaus zurückkam und ganz euphorisch seinen Bruder auf den Arm nehmen wollte, den man ihm mit den Worten entriß: „Laß das, du bist dafür zu klein, du kannst das nicht!“

Für Kurt M. schloß sich ein Kreis. „Das kannst du nicht“ und „Laß das lieber“ waren Standardsätze seiner Kindheit, nie zuvor hatte er sie in so krassem Gegensatz zu seinem eigenen Empfinden erlebt wie nach der Lebendigkeit auf dem Hof der Großeltern. Das erinnerte Bild spiegelte genau den Konflikt wider zwischen eigentlichem Bedürfnis und Einstellung des Elternhauses, erklärte die heutige Angst, sich auf ein Abenteuer einzulassen und eine eher langweilige Sicherheit höher zu schätzen. Und alle Begriffe der Puzzlesteinchen paßten dazu.

Eine Sitzung, wie sie an Effektivität wohl kaum zu überbieten ist! Innerhalb einer Stunde wurde das Problem eingekreist, auf seinen Ursprung zurückgeführt und in seiner emotionellen Vorprägung aufgehoben. Dabei hat parallel noch eine ganze Gruppe von Kursteilnehmern gelernt und geübt. Kann man sich mehr Intensität wünschen?

Wir haben Kurt M. geholfen, einen Tunnel zu graben zu verschütteten Erinnerungen, die seinen eigentlichen Konflikt klar machten. In einem alleinigen Gespräch hätte man sich vermutlich in dem naheliegenden

Problem von Gewissensbissen, Entscheidungsnot und dergleichen verirren können, die ausgetesteten Begriffe halfen ihm und uns aber, die richtige Seite seiner Gefühle zu beleuchten.
Mit Stichwort- oder Stressorlisten zu arbeiten, bringt also eine gezielte Orientierung in ein Gespräch. Dabei sind diese Listen beliebig zusammengestellt, es gibt keine kinesiologischen oder sonstigen Gesetze darüber, sondern es handelt sich um willkürlich ausgewählte Leitschienen, um eine Emotion genauer definieren zu können oder um dem Unterbewußtsein Impulse für die Erinnerung zu vermitteln.
Sinnvoll und wichtig ist nur, daß sie das gesamte Spektrum menschlichen Fühlens und Erlebens repräsentieren, sonst fehlt uns womöglich ein wertvoller Stein zum Bild.
Puzzlekästchen, mit denen ich gern und effektiv arbeite, sind u. a.:

- Organsprache
- Organemotionen nach der Elementenlehre der altchinesischen Medizin
- Bezüge zwischen Farben und Emotionen
- Reifungsstufen der Persönlichkeitsentwicklung
- Zeitschienen
- Begriffe aus dem Lebensumfeld
- Grundängste und -gefühle
- emotionale Aussagen von Bachblüten-Essenzen

In jeder dieser Rubriken sind Begriffe zusammengefaßt, die wie Indizien den „Fall" rekonstruieren helfen. Je mehr Unbekannte in der gesuchten Geschichte mitspielen, desto hilfreicher ist eine große Auswahl von Indizien, desto mehr „Puzzlesteine" könnten erforderlich sein. Je deutlicher das Problem schon eingekreist ist, desto weniger Arbeitsmaterial benötigen wir, manchmal reicht ein prägnantes Stichwort aus, um wie ein Generalschlüssel alle Türen zu öffnen.
Bevor wir auf konkrete Indiziensuche gehen, stelle ich Ihnen den Inhalt meiner Puzzlekästchen vor. Sie finden hier im Text eine allgemeine qualitative Beschreibung, zusätzlich jeweils eine detaillierte tabellarische Übersicht als Arbeitsblätter im Anhang des Buches.

Organsprache

In der Organsprache finden wir die Bezüge zwischen Organ und Emotion aus unserem Sprachgebrauch wieder. Zu jedem Körperteil oder Organ existieren Redewendungen, deren Bedeutungsinhalt oft nicht mehr

bewußt ist, sich aber aus ursprünglichen Reaktionen des Körpers auf ein Gefühl herleitet. Hatten Sie nicht auch schon mal Kopfschmerzen, weil Ihnen vor Arbeit der Kopf platzte?
Allein schon die Organsprache bildet einen überzeugenden Wegweiser. Rüdiger Dahlke hat dies stimmig und umfassend in seinem Buch „Krankheit als Symbol" dargestellt, er zeigt dort die Zusammenhänge detailliert auf, so daß sie als Arbeitsgrundlage verwendet werden können. Ein weiteres übersichtliches Nachschlagewerk hat die Amerikanerin Louise Hay verfaßt, nachdem sie durch Bearbeitung der psychisch-geistigen Hintergründe zwei Karzinomerkrankungen am eigenen Leibe heilen konnte („Heile deinen Körper")
Die Organsprache eignet sich gut zum spielerischen Assoziieren, fordert und fördert die Phantasie, läßt der Intuition Raum. Meine Beispiele von Redewendungen sollen anregen, aber keinen Anspruch auf Vollständigkeit erheben (s. Seite 134).

Ein junger Medizinstudent kam wegen anhaltender Durchfälle in die Praxis, selbstverständlich war klinisch abgeklärt, daß keine organische Ursache vorlag. Der Test bestätigte einen emotionalen Hintergrund. Allein das Wortspiel, ob ihm etwas Bauchschmerzen bereite oder ob er vor etwas „ Schiß" habe, brachten ihn auf seine Angst vor einer Blamage in einem gerade begonnenen Klinikpraktikum, weil der leitende Arzt Fertigkeiten z. B. im Blutabnehmen voraussetzte und recht ironisch auf Anfängerversuche reagierte. Nach einem Streß-Release nur aufgrund dieser Informationen hörten die Durchfälle zu seiner Überraschung sofort auf.
In den nächsten Tagen bemerkte er, daß er sogar auf die bissigen Kommentare des Chefarzts gelassen reagieren und entgegnen konnte, daß er eben nicht als Meister vom Himmel gefallen sei, aber bereit wäre, zu lernen und sein Bestes zu geben.

Haben wir mit den Wortspielen im Gespräch mit dem Klienten noch kein Licht anzünden können, so hilft uns vielleicht ein anderes Puzzlekästchen weiter:

Organemotionen

Die Organemotionen erweitern das Spektrum, das wir in der Organsprache nutzen, um jahrtausendealte Erfahrungen der chinesischen Medizin. Die fernöstliche Medizin beruht auf genauen Beobachtungen, deren Dokumentation und Überlieferung. Da sie sich in ihrer Wirkung

immer wieder bestätigt hat, da sie in diesem langen Zeitraum nie „modernisiert“ werden mußte und heute so gültig ist wie seit mehreren tausend Jahren, können wir wohl davon ausgehen, daß wir sie auch auf unser Leben übertragen können.
Andererseits ist sie dem westlichen Denken und seinen wissenschaftlichen Kriterien immer noch ein wenig fremd, und ich kann Ihnen nicht jeden Begriff aus der Grundbedeutung eines Meridians herleiten. Das ändert nichts daran, in den Organemotionen wertvolles Arbeitsmaterial zu entdecken.

Elemente und Meridiane

Die altchinesische Medizin geht davon aus, daß alle Systeme im Organismus zusammenspielen und sich gegenseitig bedingen und daß eine Kommunikation mit dem Umfeld über Nahrung, Atmung, Emotionen und dem „Chi“, der kosmischen Lebensenergie, besteht. (Einen ausgezeichneten Einblick vermittelt Ihnen das Buch von Kai-Uwe Frank: „Altchinesische Heilungswege“.)
Den Meridianen, die diese Energie leiten, werden verschiedene Eigenschaften der uns umgebenden „Elemente“ zugeordnet, nämlich Feuer, Wasser, Erde, Holz, Metall. Diese wiederum haben Bezug zu Gefühlen und Emotionen, die sich innerhalb eines Elements ähneln, aber von einem zum anderen Meridian etwas unterschiedliche Qualitäten aufweisen.
In diesem Kreis der Elemente sind die wesentlichen Emotionen berücksichtigt, die unser menschliches Leben ausmachen. Damit haben wir wieder ein geeignetes Puzzlekästchen für unsere Stressorsuche.

Leitschiene Wirbelsäule

Eine gewisse Sonderstellung nimmt die Leitschiene über die Wirbelsäule ein. Da fast jeder Erwachsene heute mit Rückenschmerzen, Fehlhaltungen und „Verschleiß“ zu tun hat (obwohl kaum jemand körperlich hart arbeiten muß!), kommt dieses Thema in jeder Art Praxis immer wieder vor. Eine Deutung der emotionalen Hintergründe wäre hier möglich über die Verbindung zu den inneren Organen, die einzelnen Wirbelsegmenten zugeordnet sind. Aber allein damit ist deren Aussage noch nicht ausgeschöpft, so daß wir die Sprache der Wirbelsäule bzw. der Rückenmuskulatur eigenständig betrachten sollten. Die Übersicht, die

ich Ihnen hier gebe, leitet sich zum Teil aus der segmentalen Versorgung der inneren Organe her, z. T. aber auch aus Beobachtungen, welche Muskeln des Rückens auf bestimmte Gefühle und Spannungen reagieren. Denken Sie an Schauspieler: Sie setzen ihre Muskeln (Mimik, Gestik, Haltung) ein, um Charaktere und Emotionen darzustellen. Der Gramgebeugte, der Ängstliche, der Held, der Despot – jeder „nutzt" andere Muskeln, um seine innere Haltung auszudrücken, aus jeder Haltung des Körpers läßt sich umgekehrt auf eine innere Verfassung schließen.
Demnach bietet sich ein Einstieg über die betroffenen Wirbelsegmente und deren Bedeutung an, sofern nach Test eine emotionale Ursache vorliegt.

Ein junger Mann hatte seit 2 Monaten Rückenschmerzen, betroffen waren der 3. und 4. Lendenwirbel. Alle möglichen symptomatischen Behandlungen waren erfolglos, so daß wir uns zum Test entschlossen. Die Ursache war psychisch.
Als ich ihm die „Sprache" dieser Wirbelsegmente übersetzte, die dieser Region insbesondere die Sexualität zuordnet, dämmerte es ihm: Die Rückenschmerzen hatten eingesetzt, kurz nachdem er seine neue Freundin kennengelernt hatte. Seine letzte kurze Beziehung war zerbrochen, nachdem er in einem Alkoholexzeß „nicht konnte", seine Freundin hatte ihn damit ständig aufgezogen, so daß er von dem Zeitpunkt an Versagensängste bekam und impotent wurde. Jetzt hatte er erhebliche Angst, sexuellen Kontakt zur neuen Freundin aufzunehmen, obwohl – oder weil – er sie sehr liebte.
Ein Streß-Release über die erlebte Blamage und seine Versagensangst ließ die Rückenschmerzen innerhalb eines Tages verschwinden, ohne weitere zusätzliche Therapie. Mit der damaligen Freundin ist er heute glücklich verheiratet.

Farbemotionen

Nicht immer bietet der Körper Symptome, die auf ein Organ und seine Emotion hindeuten. Manchmal ist ein Einstieg über „körperneutrale" Suchraster sinnvoller, wie z. B. über Farbemotionen.
Es ist längst Allgemeinwissen, daß Farben mit Gefühlen und Bedeutungen assoziiert sind, sie sind seit Urzeiten Ausdrucksform z. B. von Stand und Rang und wurden schon im alten Griechenland sowohl körperlich wie psychisch zu Therapien eingesetzt.

Farbpsychologie ist auch in unserem Kulturkreis bekannt, angewendet wird sie am ehesten zur psychischen Beeinflussung z. B. am Arbeitsplatz oder in der Werbung, seltener umgekehrt zur psychologischen Analyse einer Farbwahl (wie z. B. im Lüscher-Farbtest).
Wenn auch unter Therapeuten teilweise noch umstritten, so lassen sich aus bevorzugten und abgelehnten Farben Rückschlüsse ziehen auf zugehörige Emotionen. Damit verfügen wir über ein weiteres Puzzlekästchen, um Gefühlen auf die Spur zu kommen! – Und so finden Sie im Anhang auch die Arbeitsliste „Farben und Emotionen" für Ihre gemeinsame Detektivarbeit (s. Seite 142).
Die Reaktion auf Farben kann überprüft werden, indem beim Muskeltest verschiedenfarbige Karten aus Tonzeichenkarton gezeigt werden. Die Farbe, bei der der Muskel nachgibt, enthält die gesuchte Streßinformation. Natürlich funktioniert es auch, wenn die getestete Person sich die Farbe nur vorstellt.
Die Verwunderung ist oft groß, weil häufig die Lieblingsfarben Stressor sind. Die Erklärung liegt in der Resonanz, die zu dieser Farbe besteht, das Testergebnis hat nichts mit „gut" und „schlecht" zu tun, sondern nur damit, daß die *Qualität* dieser Farbe etwas beschreibt, womit der Klient Streß hat. Zum Beispiel wird Blau sehr häufig gewählt. Es vermittelt die Qualität u. a. der Ruhe, der Zentrierung, an der. es in der heutigen hektischen Zeit oft mangelt. So liebt man Blau zum Ausgleich eines Mangels, die *Information* des Blau verweist auf den Begriff, durch den der Streß entstanden ist. Insofern ist es auch gleichgültig, ob Sie für die Orientierung im Test den positiven oder den negativen Begriff wählen (also Ruhe oder Unruhe, ruhelos), Sie bekommen den Hinweis auf die jeweilige Qualität, können – falls notwendig – natürlich darin weiter differenzieren.
Bei der Wahl einer Mischfarbe (grün, orange, violett) muß geklärt werden, ob sich die Deutung aus dieser Farbe selbst herleitet, die ja ihre spezifischen Eigenschaften hat, oder ob die an der Mischung beteiligten Grundfarben den Streß repräsentieren. Dies sollten Sie auf jeden Fall überprüfen, also bei der Wahl von Grün müßten auch Gelb und Blau getestet werden.
Diese Art der Differenzierung entfällt natürlich, wenn Sie mit farbigen Testkarten arbeiten. (Ausführlichere Deutungen verschiedener Farbtönungen finden Sie z. B. bei Braem: „Die Macht der Farben" und Mohr: „Farbtherapien".)
Ein Beispiel. in dem ausschließlich die Farbe den entscheidenden Impuls gab:

Sabine G. bat um ein Gespräch, weil sie sich seit einiger Zeit lustlos und deprimiert fühlte. Sie war verheiratet, hatte zwei fast erwachsene Kinder und war vor kurzem in ihren Beruf als Verwaltungsangestellte zurückgegangen. Sie fühlte sich an ihrem Arbeitsplatz wohl, aber es überkam sie immer wieder ein nicht definierbares Unbehagen. Über diese Informationen ging unser Gespräch nicht hinaus, wir fanden in der Analyse der Situation keinen Anhaltspunkt für ihre Lustlosigkeit. Zwar gab es in ihrem Leben mehrere Bereiche, in denen es nicht so lief, wie sie es sich wünschte, aber es ließ sich nichts konkretisieren..
Organbeschwerden hatte sie nicht, an denen wir uns hätten orientieren können, so daß ich sie darum bat, mir eine Farbe zu nennen. Sie wählte Gelb, und diese Farbe war auch im Test schwach. Der Begriff aus dem Puzzlekästchen, der als Stressor wirkte, war „Leere".
Jetzt klickte es: Obwohl sie gemeint hatte, durch ihren Wiedereinstieg in den Beruf wieder Anschluß an das Leben bekommen zu haben, spürte sie, daß darin für sie nicht Sinn und Erfüllung lag. Leere lag nicht nur im Wert ihrer beruflichen Aufgabe, sondern ebenso in ihrer Funktion innerhalb der Familie: Die Kinder waren groß, die Partnerschaft plätscherte neutral und gewohnheitsmäßig vor sich hin. In der zweiten Lebensphase angekommen, stellte ihr Unbewußtes die Frage, ob das nun wohl alles gewesen ist, und machte sich durch Gefühle der Lustlosigkeit und Depression bemerkbar.
Alleiniges Nachdenken hatte ihr den Zugang zur eigentlich dahinterstehenden Frage nicht verschaffen können, erst der Anstoß eines Begriffes wies auf den wirklichen Hintergrund hin.
Auch ohne Streß-Release sah Frau G sich in der Lage, diese Informationen für sich umzusetzen. Sie nahm zwei Wochen allein Urlaub, um sich über einiges klar zu werden, sprach mit ihrer Familie über ihr Problem und bat um deren Verständnis und Unterstützung. Als sie zurückkam, kündigte sie ihre Stellung und nahm eine weitaus weniger gut bezahlte Stelle als angelernte Hilfe in häuslicher Krankenpflege an. Sie baute aktiv die Organisation zu einem umfangreicheren allgemeinen Hilfsdienst aus, sie hatte viel Freude und positives Feedback in ihrem Engagement.
Ihre eigene Zufriedenheit spornte auch ihren Ehemann an, den Trott des Alltags des öfteren in Frage zu stellen, er unterstützte ehrenamtlich die Tätigkeit seiner Frau, die Kommunikation zwischen

beiden wurde wieder lebendig, die Partnerschaft wurde anregender und aufregender.
Ein einziges Wort – und die Veränderung eines Lebens!

Die Reifungsstufen

Die „Reifungsstufen" sind definiert durch die Entwicklungsstadien des Menschen, die sich ungefähr in Sieben-Jahres-Schritten vollziehen. Sie helfen bei der Einordnung der Erlebensebene, die von einem Konflikt betroffen ist.
Die ersten sieben Jahre lebt ein Kind überwiegend körperlich-sinnlich (körperliche Ebene). Im Alter bis zur Pubertät entwickelt es seine Individualität und vertritt diese zum Teil vehement (persönliche Ebene). Ab 14 bis ins junge Erwachsenenalter begibt man sich auf die aktive Suche nach dem Du, dem Partner (Beziehungsebene).
Die folgenden Jahren werden in der Regel dem Aufbau der Familie gewidmet, nach biologischen Kriterien sind die Jahre bis Ende der Zwanziger die ideale Zeit für das Kinderkriegen (Gemeinschaftsebene).
Während die eigenen Kinder heranwachsen, wird verstärkt die Auseinandersetzung mit Prinzipien und Idealen herausgefordert, auch im Beruf hat man sich inzwischen eine Position gesichert, die es erlaubt, eigentliche Ziele und Vorstellungen mit dem Gelebten abzugleichen und für eigene Überzeugungen einzutreten (ideelle Ebene).
Wenn dann – jenseits der vierzig – die eigenen Kinder groß sind, bleibt wieder Zeit für die innere Einkehr, die Rückschau, die Einordnung des eigenen Lebenswegs in ein großes Ganzes (Sinn-Ebene). Mit Ende vierzig rundet sich der Zyklus.
Normalerweise werden wir heutzutage älter als 49 (7 x 7) Jahre, und dann beginnt die Spirale von neuem, nur möglichst auf einer höheren (reiferen) Ebene. Es ist schließlich nicht selten, daß wir mit Anfang 50 wieder werden wie die Kinder, sei es durch die Freude an Enkeln, sei es durch Ausbrüche aus dem geregelten Alltag, einer realen oder gewünschten Neuorientierung unseres Lebens.
Wer sich diesem natürlichen Rhythmus starr entgegenstellt, kann erleben, daß Krankheit und Krisen ihn zu Auseinandersetzungen mit seinem Lebenszyklus zwingen. Das bedeutet jedoch nicht, daß wir vom Lebensalter unbedingt auf die Konfliktebene schließen können, da wir auch auf „höheren" Reifungsstufen alle anderen parallel weiter durchleben und durch erlebte Traumatisierungen in bestimmten Bereichen manch-

mal sogar verstärkt an eine eigentlich überwundene Ebene gebunden bleiben.
Wenn z. B. die persönliche Entfaltungsebene durch zu frühe Betonung von Gemeinschaftsbelangen erheblich zu kurz kommt, kann dies später zu einer kompensierenden Überbetonung des nicht gelebten Anteils führen.
Die persönliche Entfaltungsebene ist sicherlich bei der Generation zu kurz gekommen, die Kriegs- und Nachkriegszeit durchstehen mußte. Hier hatten Leistung und Einsatz für die Gemeinschaft absolute und objektive Priorität vor individuellen Belangen, wodurch auf körperliche wie auch auf persönlichkeitsorientierte Bedürfnisse verzichtet werden mußte. Ihre Kompensation in wirtschaftlich gesicherten Zeiten blieb dann allerdings zu einem Teil auf der körperlichen Ebene stecken (die anhaltende Freß- und Konsumwelle!).
Die Kinder dieser Generation fanden körperliche Bedürfnisse schon weitgehend erfüllt, bekamen von den Eltern aber immer noch die verinnerlichten Ideale des Gemeinschaftsgeistes vermittelt (Orientierung an dem, was die anderen tun, Leistungsanspruch an sich und andere – unser Schulsystem ist ein eindrucksvolles Überbleibsel dieser Einstellung). Diese „Kinder“ können es sich heute leisten, ausufernden Selbstfindungstrips nachzuhängen, die Massenhinwendung zu Individualsport und anderen Modeströmungen zu leben, die alle auf der persönlichen Ausdrucksebene steckenbleiben, anstatt wieder über sie hinauszuwachsen. Die übergeordneten Ebenen (Dienst an der Gemeinschaft, Ideale und innere Werte, spirituelle Suche) beginnen erst vereinzelt wieder aufzukeimen.

> Die gesunde Entwicklung eines Menschen muß alle Lebensebenen einschließen, allen – je nach Alter – angemessen gerecht werden. Die anhaltende Vernachlässigung einer dieser Stufen (bei entsprechender Reife) führt immer wieder zu Spannungen durch ungelebte Anteile.

Die Begriffe, die diese Entwicklungsstadien charakterisieren, können ebenfalls als Puzzlekästchen für die Suche nach Stressoren genutzt werden (siehe Anhang, Seite 144).

Weitere Stressorlisten

In gleicher Weise können Sie das Leben und Fühlen in weitere Kategorien einteilen, die Sie in Ihrer persönlichen Erfahrung gesammelt haben oder die Sie nach willkürlichen Prinzipien wählen. Ich biete Ihnen einige Arbeitslisten an, wie ich sie in meiner Praxis benutze (s. Seite 145). Sie können sie verwenden, wann immer Sie in einem Thema nicht vorankommen, wenn sie etwas bestätigen, klären, vervollständigen oder aufdecken wollen. Oder auch, wenn Sie zwar schon einen Zusammenhang vermuten, aber schwer mit dem Verstand nachvollziehen können. Bedenken Sie, wir möchten ja in der Bearbeitung der Gefühle den Verstand nicht ausschalten, sondern ihn gleichberechtigt mit der Psyche verbinden.

Bachblüten-Essenzen

Ein wertvolles und ergiebiges Puzzlespiel bieten auch die Aussagen der Bachblüten-Essenzen.

Die Wirkung der Bachblüten-Essenzen (benannt nach ihrem Entdecker Dr. Bach aus England) beruht – wie z. B. auch die Homöopathie – nicht auf einer direkten chemischen Intervention im Organismus, sondern in der Vermittlung einer Information.

Diese Art von Therapiewegen, die über Informationsimpulse Kaskaden von Reaktionen bewirken können, nennt man „feinstofflich". „Grobstofflich" ist dagegen all das, was auch chemischen Analysen zugänglich ist. Demnach ist die Masse einer CD grobstofflich, die darauf gespeicherte Musik feinstofflich; das Mathematikbuch und die Druckerschwärze grobstofflich, der Lehrinhalt feinstofflich. Hardware und Software wären in der Computersprache vergleichbare Begriffe.

Die *Wirkung von Informationen* auf den Korper ist jedoch auch *grobstofflich nachweisbar.* Eine schlechte Nachricht setzt ganz konkret Streßhormone im Körper frei, die Information über eine bestandene Prüfung führt zu Herzklopfen und Luftsprüngen bis hin zum Start in ein konkretes Berufsleben.

Voraussetzung für eine materielle Umsetzung einer Information ist jedoch, daß sie im Organismus Resonanz findet, eine unpassende oder überflüssige Information führt auch nicht zu Reaktionen.

Jede Bachblüten-Essenz repräsentiert eine spezifische psychische Konstellation, alle zusammen decken das Spektrum menschlichen Fühlens und Erlebens ab. Wenn man weiß – und der Muskeltest läßt dies herausfinden –, welche Essenz Resonanz auslöst, weiß man gleichzeitig, welche emotionale Problematik ansteht. In dieser Funktion sind die Bach-

blüten eine ausgezeichnete Auskunftei. Gleichzeitig unterstützen sie bei therapeutischer Einnahme durch ihre Impulse die ständige innere Auseinandersetzung mit dem speziellen Thema und fördern damit psychische Entwicklungsprozesse.
Wer sich von dieser Methode angesprochen fühlt, kann sich aus der Literatur Stressorlisten zusammenstellen. Ihnen hier in Anbetracht reichhaltiger Literatur eine Aufstellung anzubieten, halte ich für unangebracht, die auf Schlagworte reduzierten Bedeutungen der Blüten erweitern das Spektrum der schon vorhandenen Stressorlisten nicht, und diesen Therapieweg in aller Breite auszulosen, ist nicht mein Anliegen

Die Indiziensuche

Obwohl ich bei der Vorstellung der Testschienen immer mal wieder das Austesten von Stressoren erwähnt habe, gilt es jetzt, diese Spurensuche zu konkretisieren. Sinnvollerweise beginnt diese, wie in der Kriminalistik auch, mit Befragen der Betroffenen, medizinisch *Anamnese* genannt. Sie steht an oberster Stelle vor jeder kinesiologischen Intervention.
Wenn jedoch das einfühlsame Gespräch nicht weiterführt, dann ist Spurensicherung und Indiziensuche angesagt. Da wir uns mit unseren Gedanken und Vermutungen oft verstricken oder festgefahrenen Vorstellungen nachlaufen, bietet sich zur Ergänzung die „objektive" Suche nach subjektiven Hinweisen an. Dies erkläre ich den Patienten in wenigen Sätzen, ebenso wie die Funktionsweise des Tests, den ich zusätzlich mit einfachen Beispielen demonstriere.
Erst dann beginnt die kinesiologische Fahndung.

Emotionale Stressoren

Grundsätzlich gehe ich auf die Suche nach Stressoren, indem ich Begriffe nenne und dann unmittelbar den Muskel teste. Bei positiven oder neutralen Worten bleibt der Muskel stark (+), bei Stressoren wird er geschwächt (–). Diese Begriffe werden gesammelt, um durch ihre Kombination den gesuchten Zusammenhang zu erhellen. Dies geschieht natürlich in erster Linie im weiteren Dialog mit dem Patienten, den ich letztlich auch bei der Stressorsuche nie unterbreche.

Da es ziemlich unökonomisch und sicher extrem ermüdend wäre, alle vorhandenen Stressorlisten Wort für Wort durchzuarbeiten, setze ich Schwerpunkte, mit denen ich beginne. Fast immer teste ich – ohnehin als einleitendes Check-up – die Alarmpunkte durch und kläre bei den geschwächten Meridianen die Modalitäten. In der psychologischen Arbeit, und damit durchgängig durch dieses Buch, konzentrieren wir uns ausschließlich auf den emotionalen Modus (Kontakt Daumen – Ringfinger bei gleichzeitigem Halten des Alarmpunkts).

Wenn Sie übrigens ausschließlich emotional arbeiten und die übrigen Informationen bewußt eliminieren wollen, können Sie beim Durchtesten der Alarmpunkte *von vornherein* den Emotionalmodus halten lassen. Damit selektieren und provozieren Sie die Organe, die auf emotionalen Streß reagieren.

Als nächsten Schritt teste ich dann jede Emotion, die dem geschwächten Meridian zugeordnet ist, und lege die Stressoren wieder zu den Indizien. Auf diese Weise kann ich, wenn weitere Stichworte benötigt werden, alle Stressorlisten durchtesten (ob Farben, Reifungsstufen o. ä.) so lange, bis das Bild der Grunderfahrung erkannt und verstanden wird.

Manfred R., ein 45jähriger Prokurist, litt massiv unter Pollenallergie und beginnendem Bronchialasthma. Er hatte sich einige Jahre zuvor wegen einer chronischen Amalgambelastung einer Ausleitungsbehandlung und Zahnsanierung unterzogen und war danach zunächst so gut wie beschwerdefrei. Plötzlich und außerhalb der üblichen Pollensaison traten die Symptome erneut massiv auf, die Augen juckten und tränten, die Nase lief, der Kopf war zugezogen, der Atem wurde schwerer. Allerdings blieb er im Betrieb fast beschwerdefrei, obwohl dieser von einer Parkanlage umgeben war, meist begannen die Symptome zuhause.

Seine Lebenssituation: Seit 10 Jahren verheiratet, die beiden Töchter 9 und 5 Jahre alt. Er bezeichnet sich selbst als nüchternen und sachlichen Menschen, hatte für seinen Beruf und seine Karriere hart gearbeitet. In der Familie wünschte er eine klare Rollenteilung, da sein Beruf ihn aufs Äußerste forderte, worauf sich beide Partner zunächst auch geeinigt hatten.

Seine Frau lernte ich während einer laufenden Psychotherapie wegen schwerer Depressionen kennen, wir konnten diese durch kinesiologisches Arbeiten ergänzen. Sie war dadurch wesentlich unabhängiger und selbstbewußter geworden, und durch ihr Beispiel fühlte sich Herr R.. ebenfalls zu psychotherapeutischer Begleitung ermutigt. Er war inzwischen zugänglich geworden für Gefühle, be-

gann sich Entspannung zu gönnen und bewußt zu genießen. Eigentlich fühlte er sich zunehmend wohler in seinem Leben, und er konnte die heftige Reaktion seines Körpers nicht verstehen. Allerdings war er zum Zeitpunkt unserer Begegnung stark belastet, da er neben seinem Beruf auch noch hauptverantwortlich die Kinder versorgte, weil seine Frau über mehrere Monate wiederholt krank und mit den häuslichen Aufgaben überfordert war. Dies konnte er sich jedoch nicht als Ursache seiner Beschwerden vorstellen, da er viel Verständnis für seine Frau hatte und ihr gern helfen wollte.

Der Muskeltest wies ausschließlich auf eine emotionale Ursache hin, die Alarmpunkte Lunge, Leber, Magen und Allergie waren geschwächt. Zunächst spielten wir mit der Organsprache, ob er von etwas die Nase voll hätte, ob er auf etwas allergisch reagiere, ob ihm eine Laus über die Leber gelaufen sei, ob ihm etwas die Luft zum Atmen nehme. Er zögerte sehr, diese Formulierungen auf seine Situation zu übersetzen

Ich bot ihm unser Puzzlespiel der Gefühle an. Folgende Emotionen schwächten den Testmuskel: Lunge: Revierprobleme, Geringschätzung; Leber: Wut; Magen: Entbehrung.

Ich testete Farbkärtchen durch, bei Rot und Blau wurde der Arm schwach. Zu Rot waren Stressoren: Freiheit, Aggression, zu Blau: unerreichbar.

Hiermit konnte Herr R. spontan nichts anfangen. Wir setzten unsere Suche fort mit der Zeitschiene. Vorab testete ich im Groben: Gegenwart (+), Zukunft (+), Vergangenheit (–). Von dort an differenzierten wir: Lebensalter älter als 40 Jahre (+), Lebensalter 30–40 Jahr (+).... Lebensalter 5–10 Jahre (Test –), Lebensalter Geburt bis 5 Jahre (–), Geburt (+), vorgeburtlich (+). Die einzelnen Zeitspannen unterteilten wir nochmals, dabei waren das 3. und das 7. Lebensjahr streßbelastet.

Jetzt ahnte Herr R. einen Zusammenhang: Seine Mutter war kurz nach seiner Geburt gestorben, der Vater zog ihn mit Unterstützung einer Tante allein auf (all das war psychotherapeutisch schon bearbeitet worden). Als er zwei Jahre alt war, wurde sein Vater ernsthaft krank und pflegebedürftig, die Tante versorgte ihn. Als Manfred R. 5 Jahre alt war, starb sein Vater, und er wurde von den Großeltern aufgenommen. Der Großvater war zu der Zeit ebenfalls schwer krank und bettlägerig, er starb anderthalb Jahre später.

Herr R. spürte auf einmal deutlich das Gefühl, immer zu kurz gekommen zu sein, immer nur Rücksichten nehmen zu müssen auf die

anderen, die ihre Pflichten ihm gegenüber nicht mehr wahrnehmen konnten, unter allem hatte er immer wieder zu leiden und zurückzustecken. Rücksicht, Verständnis und Verzicht waren von ihm gefordert, eigene Rechte schien es nicht zu geben. Es spitzte sich zu in dem Konflikt, dem anderen noch nicht einmal böse sein zu dürfen für das, was man ihm vorenthielt, da diejenigen offensichtlich noch mehr zu leiden hatten als er.
Alle Stressoren paßten und spiegelten sich qualitativ exakt in der heutigen Familiensituation: Dadurch, daß immer andere wichtiger waren, gab es für ihn Revierprobleme, für ihn blieb nichts übrig, kaum die Luft zum Atmen. Seine Belange waren weniger wichtig (Geringschätzung). Zuwendung und Nähe mußte er entbehren, Zuwendung war für ihn unerreichbar. Die emotionale Antwort war Wut und Aggression. Da er sich verbot, sie nach außen zuzulassen (er hatte ja Mitgefühl mit seiner kranken Frau), wurde seine Aggression in eine andere Richtung, nämlich die Allergie, abgelenkt. Sicherlich war die aktuelle Situation in seiner jetzigen Familie weniger dramatisch, schließlich war er jetzt ein erwachsener Mann und konnte theoretisch seine Bedürfnisse artikulieren. Aber die alte Prägung ließ ihn wieder emotional wie das Kleinkind reagieren, sich hilflos wütend fühlen. Und dieses Gefühl der Kindheit hielt ihn gefangen, ließ ihm nicht den Spielraum, eine neue äußere Lösung zu finden oder zuzulassen.
Die Zusammenhänge schienen ihm logisch, aber er konnte sich nicht vorstellen, daß seine heftige Allergie dadurch bedingt sein sollte. Wir führten über die alten Erlebnisse ein Streß-Release durch. Etwas ungläubig fuhr er nach Hause.
Vereinbarungsgemäß meldete er sich nach gut einer Woche und teilte mir sehr beeindruckt mit, daß er vom Tag unserer Begegnung an keinerlei allergische Beschwerden mehr verspürt habe. Er und seine Frau hatten inzwischen beschlossen, baldmöglichst eine Haushaltshilfe einzustellen, und die Zeit bis dahin würde er noch selbst überbrücken können.
Soweit es mir bekannt ist, geht es der Familie heute gut.

Ganz gleich, welches Problem Sie auf diese Weise angehen: Mit der Suche nach Stressoren analysieren (zerlegen) Sie das Thema, und indem wir damit manchmal auch voreingenommene Ansichten über eine Situation zerbröseln, geben wir die Chance, daß das zerstreute Bewußtsein ein Stück beiseite tritt und dem Unterbewußtsein Raum läßt für die

Synthese. Hier werden die Bruchstücke zusammengefügt, hier wird das Bild (wieder)erstellt, das unser Kopf falsch oder gar nicht verstanden hat.

Bei dieser Arbeit ist es besonders eindrucksvoll, wenn das Unterbewußtsein das konkrete Bild von einem Einzelereignis hervorzaubert, dessen Auswirkungen sich heute in ganz eigener Weise zeigen. Diese Facette beim gemeinsamen Tauchen in die Psyche ist spektakulär und sehr effektiv. Insbesondere konkrete Phobien lassen sich oft auf ein einzelnes Trauma zurückführen, und die Auflösung über das Streß-Release löst dann tatsächlich ein für allemal auch die Phobie auf, ebenso wie im folgenden Fall ein Einzelerlebnis in einer wichtigen Prägungsphase noch Schatten bis ins Erwachsenenalter geworfen hat:

Annette S., 41 Jahre, kam zu mir, weil sie seit einigen Monaten Husten hatte, der jeder Behandlung trotzte. Ganz besonders schlimm wurde er, wenn sie sich aufregte oder ihre Stimme erhob. Sie war mit ihrer Lebenssituation zufrieden, sie war glücklich verheiratet und hatte eine Tochter von 2 Jahren, ihre Eltern lebten noch, und sie hatte ein gutes Verhältnis zu ihnen.

Der Alarmpunkt Lunge war schwach, verbunden mit dem emotionalen Modus – jedoch keine der zugeordneten Emotionen! Betroffen fühlte sie sich jedoch bei den Wortspielen der Organsprache, als ich „sich die Lunge aus dem Leib schreien" erwähnte. Sie fühlte sich immer wieder unangemessen ohnmächtig, wenn ihre kleine Tochter weinte und schrie.

Mein Check-up ergab noch eine Schwächung des Alarmpunkts Blase, ebenfalls emotional. Frau S. bestätigte, daß sie bei Aufregung unter einer Blasenschwäche litt, schob das aber auf eine mechanische Belastung der späten Geburt.

Als Streßemotion stellte sich „Panik" heraus. Da sie hierzu keinen konkreten Bezug fand, suchten wir weiter: Streßauslösende Farben waren Rot (Gefahr) und Gelb (Isolation). Die zeitliche Rückführung brachte uns in das 2. Lebensjahr, noch genauer, das Alter von 18 Monaten. Von den Personen der damaligen Zeit war es „Mutter", die Streß auslöste.

Frau S. war darüber irritiert. Sie empfand das Verhältnis zu ihren Eltern als sehr warm und herzlich und konnte die Begriffe nicht einordnen. Da beide Eltern noch lebten, trennten wir uns mit der Aufgabe, die Informationen auf sich wirken zu lassen und eventuell die Mutter auf diese Frage anzusprechen.

Als wir uns wiedersahen, hustete Frau S. immer noch. Ihre Mutter

hatte ihr inzwischen von einer Szene aus den fünfziger Jahren erzählt, die ihr lange zu schaffen gemacht hatte:
In Annettes Kindheit hatte die Familie in der 3. Etage eines Mietshauses gewohnt. Damals hatte man noch keine eigene Waschmaschine, sondern nutzte den Kessel der gemeinsamen Waschküche im Keller des Hauses. Hierfür gab es Pläne, die exakt eingehalten werden mußten, damit alle Mietparteien zu ihrem Recht kamen. Annettes Mutter hatte ihre Termine üblicherweise am frühen Nachmittag, wenn ihre Tochter schlief.
Sie erinnerte sich deutlich, daß sie einmal nach der Wäsche nach oben kam und ihre Tochter völlig erschöpft und verweint hinter der Wohnungstür vorfand, das Kind schrie und hustete herzzerreißend. Vermutlich war Annette, kurz nachdem die Mutter die Wohnung verlassen hatte, aufgewacht und hatte sie gesucht. Noch nie zuvor war sie allein gelassen worden, und so lag es nahe, daß sie Panik empfand, daß sie sich „die Lunge aus dem Hals schrie", daß sie sich in Gefahr fühlte. Nach diesem Ereignis hatte sie nach Angaben der Mutter lange Zeit Angst, wenn sie die Mutter aus den Augen verlor. Ich behandelte Annette S. mit einem Streß-Release, und der Husten verschwand, ohne sich je wieder bemerkbar zu machen. (Einige Gedanken, warum gerade zu der Zeit Husten auftrat, greife ich später noch einmal auf.)

Diese Highlights, in denen sich Einzelereignisse derart gradlinig auswirken, sind Zugpferde, aber nicht Hauptbestandteil psychologischer Arbeit. Natürlich sind diese Erfolge besonders spektakulär, aber weitaus befriedigender empfinde ich die Langzeit-Begleitungen durch „dick und dünn" auf einem Weg, der von Angst und Abhängigkeit zu innerer Freiheit und Selbstbewußtheit führt.
Dieser Weg einer Psychoanalyse ist grundsätzlich an kein Schema gebunden und läßt sich in viele andere Therapieformen einbetten. Freie Gespräche, Bilder, Assoziationen, der Austausch über Gefühle und Gedanken haben den eigentlichen Vorrang. Und doch ist gerade die klare Struktur der Stressorsuche ein ideales Hilfsmittel, um den roten Faden wiederzufinden, um sich zu orientieren, wo sich die Klarheit verliert. Allerdings haben wir allein mit der Stressorsuche die Möglichkeiten der kinesiologischen Führung noch nicht ausgenutzt. Meine Arbeit wäre nicht vollständig, wenn ich nicht immer wieder auf die Testform verbaler Aussagen zurückgreifen könnte.

Affirmationen

Jede Angst, jeden Konflikt können wir, sobald erkannt, in Worte fassen. Wie z. B. „Hunde machen mir Angst" oder „Ich traue mich nicht, den Beruf zu wechseln" oder „Ich werde nur geliebt, wenn ich mich anpasse." In einer psychotherapeutischen Begleitung liegt ein anvisiertes Ziel, das aus dem Problem herausführen soll, nämlich diese Angst zu überwinden, diesen Konflikt zu lösen. Dieses Ziel dürfte in vielen Fällen das sinngemäße Gegenteil der anfänglichen Formulierung sein, nämlich „Ich habe keine Angst vor Hunden" oder „Ich traue mich, den Beruf zu wechseln" bzw. „Ich werde auch geliebt, wenn ich so bin, wie ich bin."
Und so bitte ich den Patienten, mir als Fazit unserer Sitzung seinen Wunsch zu nennen, was er zu diesem Thema erreichen oder ändern möchte, lasse den Impuls möglichst von ihm kommen, unterstütze ihn aber aus meiner Übung heraus notfalls bei der Wortwahl. (Wer sich unsicher fühlt, kann sich zunächst auch orientieren an schon bestehenden – allerdings allgemein gehaltenen – Affirmationen, wie Sie sie bei Diamond und Hay finden.)
Zunächst einmal lasse ich diese Affirmation als Wunsch aussprechen: „Ich wünsche mir, daß ich mich traue, den Beruf zu wechseln" oder „Ich möchte auch geliebt werden, wenn ich bin, wie ich bin." Diese Aussage sollte irn Sinne des „Lügendetektor-Tests" den Muskel stark lassen, ist dies nicht der Fall, ist das Thema verfehlt.
Dagegen muß das Aussprechen der *Möglichkeit* den Muskel schwächen, sonst kann es sich nicht um einen inneren Widerspruch oder Konflikt handeln, und damit wäre ebenfalls das Thema verfehlt. Diese Formulierung dient später auch zur Kontrolle einer effektiven inneren Verarbeitung, denn dann müssen Wunsch und Möglichkeit übereinstimmend positiv testen.

Das Frage- und Antwortspiel

Angenommen, wir haben eine Liste von Indizien, angenommen, wir haben eine Theorie, wie diese zusammengehören. Angenommen, wir haben eine schwach reagierende Affirmation. Jetzt können wir natürlich mutmaßen, daß unsere Schlußfolgerungen automatisch stimmen müssen – weit gefehlt!
Gar nicht so selten kommt es vor – und bei Ungeübten ist es fast an der Tagesordnung –, daß die ausgetesteten Stressoren so interpretiert wer-

den, wie es dem therapeutischen Begleiter aus seiner Lebenssicht und Erfahrung entgegenkommt. Natürlich helfen kritische Selbstbeobachtung, gründliche theoretische Ausbildung, praktische Übung und kontinuierliche Supervision, nicht in alle Fallstricke persönlich gefärbter Mutmaßung zu laufen, dennoch wissen wir häufig trotz aller notwendigen Distanz und Neutralität nicht, ob wir eventuell nur einer sekundären Teilfacette nachjagen oder die gesamte Situation mit der falschen Brille betrachten.
Hier hilft das Ja-Nein-Spiel des Muskeltests, sich klar zu orientieren und zum Beispiel doppeldeutige Aussagen zu konkretisieren.
Da das Unterbewußtsein eine verbale Aussage mit einem starken Muskel bestätigt, mit einem schwachen negiert – siehe „Lügendetektor" –, können wir alles, was noch nicht eindeutig ist, über differenzierte Formulierungen abklären.
Hierzu gehören für mich ganz wesentliche Aussagen wie:
„Wir folgen mit unserer Arbeit bis jetzt der richtigen Spur." Oder:
„Das, was wir bis jetzt besprochen haben, führt zum Kernpunkt des Problems." Oder:
„Uns fehlt noch eine wesentliche Information." Oder:
„Die Tatsache, daß. . . , ist der wichtigste (einzige) Grund für das heutige Problem." Oder - oder - oder.
Wem es ungewohnt erscheint, Aussagesätze zu formulieren, kann sich auch mit dem Klienten einigen, das Unterbewußtsein „antworten" zu lassen auf Fragen. Dabei ist es wichtig, dem Unterbewußtsein vorzugeben, wie es reagieren soll, denn weder die Antwort „Ja" noch die Antwort „Nein" sind für sich gesehen Stressoren. Üblicherweise vereinbart man einen starken Arm für das Ja, einen schwachen für das Nein.
Logischerweise hieße es dann:
„Folgen wir mit unserer Arbeit der richtigen Spur?"
„Führt uns das, was wir bis jetzt besprochen haben, zum Kernpunkt des Problems?" usw.

Fallstricke

Allerdings ist das Arbeiten mit den Aussagen bzw. Fragen heikel. Es scheint äußerst verführerisch zu sein – so beobachte ich es in allen unseren Kursen –, alle nur erdenklichen Entscheidungen ohne Hinführung auf eine Erkenntnis oder einen Konflikt an das Unterbewußte zu delegieren.
Das fängt an mit Fragen: „Soll ich das rote Modellkleid aus der Bou-

tique kaufen?" bis zu Entscheidungen: „Soll ich mein Kind ausschimpfen, weil es Schokolade genascht hat?"
Auf diese Befragungen bekommen wir natürlich irgendeine Antwort, d. h. Muskelreaktion. Spätestens wenn diese uns „rät", vom Kirchturm zu springen, sollte auffallen, daß wir uns zum Spielball machen, sobald wir Verstand und Gefühl eliminieren und uns ausschließlich auf „unbewußte Informationen" verlassen.
Ein unsinniger oder mißbrauchter Einsatz von Fragen beim Test endet meist in einigen absurden Auswüchsen oder blockiert die Muskelreaktion generell, d. h., der Arm bleibt dann bei jeder Art von Fragen stark und macht somit keine Differenzierung möglich.
Die Kommunikation mit dem Un(ter)bewußten durch den Muskeltest funktioniert nämlich nicht rein mechanistisch wie der Druck auf eine Computertaste, sondern wird unter Abwägen aller Gesichtspunkte vom Unbewußten gelenkt. Und diese Führung legt absoluten Wert darauf, Bewußtes und Unbewußtes miteinander zu verbinden. Eine kritiklose Hörigkeit würde dem letztendlichen Ziel dieser Arbeit widersprechen (siehe auch Kapitel „Das Ziel der Reise (?)").

Grundsätzlich jedoch ist, bei achtsamer Anwendung, diese Möglichkeit der Kommunikation mit dem Unterbewußtsein von unschätzbarem Wert, in der psychotherapeutischen Begleitung mehr als in jeder anderen Testsituation.

Fragen als Rückversicherung

Denn es gibt einige elementare Fragen, die über die Bestätigung des richtigen Weges hinausgehen. Schon die Sorgfaltspflicht gebietet, die Grenzen des Zumutbaren zu wahren.

Es geht nicht darum, Klienten zu beweisen, wie toll man mit dem Test psychische Verletzungen aufdecken kann, sondern es geht darum, das Unbewußte als weisen Ratgeber in die Arbeit einzubeziehen, nicht es auszuziehen.

Dabei ist es nicht immer nur der therapeutische Begleiter, der über das Ziel hinausschießen könnte, oft geht der Wunsch, endlich ein Thema aufzulösen, geradezu vehement vom Klienten aus, obwohl die Zeit noch nicht reif ist.
Eine geeignete Sicherheitsrnaßnahme für diese Situationen ist es, inner-

halb einer Sitzung immer mal wieder innezuhalten und die Frage zu stellen: „Dürfen (sollen) wir an diesem Punkt weiterarbeiten?"
Gerade bei Themenwechsel, bei ausschließlich „neugierigen" Fragen, bei verstandgesteuerten Ansprüchen hilft diese Frage, wieder zum Eigentlichen zurückzufinden bzw. Grenzen der Verarbeitungsfähigkeit zu wahren.
Noch grundsätzlicher könnte, gerade beim ersten Kontakt zu einem Hilfesuchenden, die Frage sein: „Bin ich für diesen Menschen der geeignete Therapeut? – Besteht die innere Bereitschaft, an dem genannten Thema zu arbeiten? – Ist der Zeitpunkt für die Bearbeitung richtig?"
Je mehr wir aus gutem Willen, aber ohne entsprechende fachliche Kompetenz auf einen Menschen zugehen, desto wichtiger werden auch diese Gesichtspunkte.
Und wir dürfen nicht über die fachliche Seite hinaus die zwischenmenschliche Komponente vergessen, denn man kann sich nur bei einem Menschen auf die intimen Tiefen der Psyche einlassen, dem man auch sonst die Türen öffnen würde.
Das kinesiologische Instrumentarium, mit dem Sie an die Wurzel eines Problems führen können, ist damit komplett.
Möglicherweise werden einige, die schon anderes Arbeiten mit der Kinesiologie kennengelernt haben, irritiert sein, daß ich hier nicht auf die Vielfalt von „Blockierungen" eingehe, die für einen brauchbaren Test vorab gelöst werden müßten. Ich kann nur immer wieder auf die generelle Grundlage des Muskeltests hinweisen (s. Band 1), die zwar einerseits physiologisch nachvollziehbar ist, andererseits nur durch geistige Prinzipien letztendlich erklärbar ist. Nach deren Gesetzen setzt sich das „höhere" Prinzip durch, zu dem auch (unbewußte) Einstellungen und Absprachen des Therapeuten gehören. Wäre es anders, könnte ich mir schwerlich erklären, warum trotz Mißachtung sogenannter kinesiologischer Regeln die Erfolgsquote der hier vorgestellten Behandlungswege 80–99 % beträgt (je nachdem, welche Kriterien angelegt werden).
Natürlich bedarf es praktischer Übung, um geschickt auf diesen sensiblen Instrumenten zu spielen. Die kann man nicht theoretisch erwerben, ein wenig mehr Einblick in die konkreten Möglichkeiten werden Ihnen aber vielleicht die später vorgestellten „Heilungsgeschichten" geben. Ein Ersatz für eine fundierte Ausbildung, Feedback durch Supervision, praktische Arbeit und umfassende Erfahrung ist das nicht.

Lösung alter Muster – das Streß-Release

Nun endlich möchte ich Sie mit dem Streß-Release bekanntmachen, bei dem wir die Tür öffnen, vor die uns die Reise der Indiziensuche geführt hat.
Ist es schon geradezu sensationell, daß man mit dem Muskeltest in unglaublich kurzer Zeit an die Ursachen von psychischen Problemen herankommen kann, das heißt eine „Psychoanalyse im Zeitraffer" absolviert, so ist es noch ein Stück faszinierender, was durch ein Streß-Release geschieht.

> Das Streß-Release (= ESR = emotional Streß-Release) ist eine Behandlung im kinesiologischen Sinne des Touch for Health über eine neurovaskuläre Reflexzone. Sie bewirkt eine psychische Rückkopplung, durch die vergangene Erfahrungen emotional neu bewertet werden.

Der praktische Ablauf

Der Patient sollte möglichst entspannt liegen. Das Thema ist bis zur Ursprungsprägung oder -angst geklärt worden, jetzt gilt es, seine Auswirkungen auf das Hier und Jetzt neu zu ordnen.
Dazu spürt der Patient für einige Minuten das erarbeitete Thema, das Trauma, die krankmachende Prägung in allen Qualitäten bewußt nach. Er läßt sein Problem und dessen Entstehungsgeschichte mit geschlossenen Augen in allen erlebten und vorstellbaren negativen Facetten auf sich wirken – die Bilder, die Worte, die Gefühle –, so lange, bis die Bilder und Erinnerungen verschwimmen und sich mit Fremdeindrücken mischen, er sozusagen „den Faden verliert".

Dabei ist es gleichgültig, ob er sich real erinnert, gedanklich konstruiert, frei assoziiert oder sogar phantasiert, es geht nur darum, dem Unterbewußtsein die bestmöglichen Leitschienen anzubieten, die sein Thema widerspiegeln.
Währenddessen berührt der Therapeut mit Daumen und Zeigefinger zwei Punkte auf den Stirnbeinhöckern („Streßpunkte", siehe Abbildung). Alternativ kann der Therapeut eine Hand auf die Stirn, die andere an den Hinterkopf des Patienten legen, beide Kontakte wirken in etwa gleich, werden aber evtl. vom Patienten mehr oder weniger angenehm empfunden.

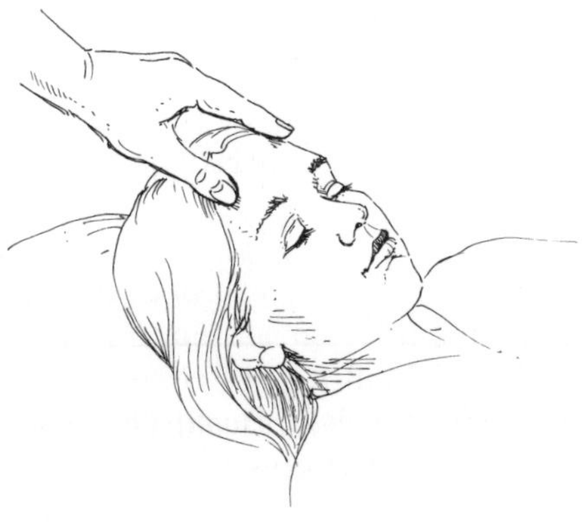

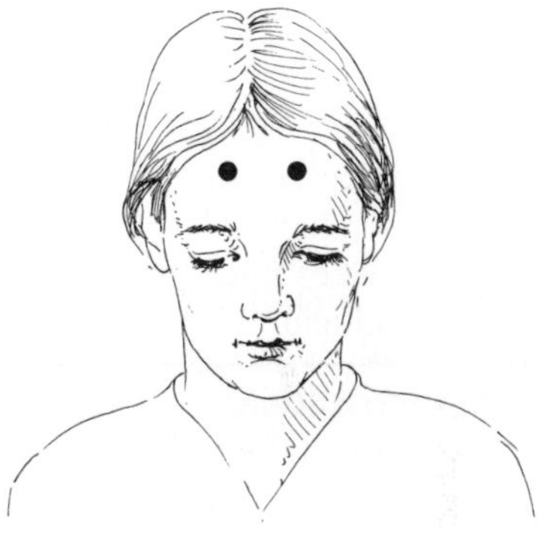

Das Streß-Release ist beendet, wenn der Klient – wie vereinbart – die Erinnerungsbilder nicht mehr fixieren kann und die Augen öffnet.
Wenn Ihnen das zu unsicher ist, können Sie über einen verbalen Test im voraus klären, wie lange das ESR dauern soll, z. B.: „Das Streß-Release soll länger als 5 Minuten durchgeführt werden" (+), „länger als 10 Minuten" (+), „länger als 15 Minuten"(–), „12 Minuten lang" (+). Also müßte das Streß-Release 12 Minuten dauern.
Sofern Sie den einhändigen Eigentest beherrschen und nur mit einer Hand die Stirnbeinhöcker berühren, können Sie während des Streß-Release mit der freien Hand die gedachte (!) Aussage testen: „Das ESR muß fortgesetzt werden" (+ / –).
Diese kleine, scheinbar unbedeutende Handlung bewegt Welten. Alle Begriffe, die aus den Puzzlekästchen als Stressor getestet wurden, sind nach dem Streß-Release beim Test stark. Wenn das Thema exakt getrof-

fen wurde, werden auch die betroffenen Organpunkte, Farben u. a. stabil bleiben! Und zwar auf Dauer.
Was bedeutet, daß sich vom selben Tage an im Leben des Patienten etwas konkret ändert, daß sich Weichen neu stellen, die bislang durch die jetzt bearbeitete Prägung verhindert worden waren.
Das ist so sensationell, daß ich es gar nicht genug betonen kann.

Lösung durch Einsicht oder durch Streß-Release?

Ich habe dieselbe fleißige Detektivarbeit der Indiziensuche mit Patienten absolviert, ohne mit einem Streß-Release abzuschließen, wir ließen es aus unterschiedlichsten Gründen zunächst mit der neu gewonnenen Erkenntnis bewenden. Das hatte zur Folge, daß die Patienten sich zwar klarer fühlten, sich freuten, etwas verstanden zu haben. Aber der Alltag, das Gefühl, der Blickwinkel, die daraus entspringende Handlung veränderten sich kaum oder gar nicht.
Manch einer kam auch schon aus anderen Therapieformen und kannte seine Geschichte und die Zusammenhänge ohnehin genau, doch erst nach dem Streß-Release war ein emotionelles Loslassen und eine Neuorientierung möglich.

Mona, damals 6 Jahre alt, kam 1990 insgesamt dreimal zu mir. Die Eltern sorgten sich, weil sie unter starken Ängsten litt, besonders vor Männern und in unbekannten Situationen. Sie war schon nicht besonders gern in den Kindergarten gegangen, jetzt sollte sie in die Schule kommen, und die Eltem befürchteten Schwierigkeiten, besonders bei eventuellen männlichen Lehrern. Eine Erklärung hatten die Eltern nicht, sie konnten sich an keine Begebenheit erinnern, wo Mona eine negative Erfahrung gemacht hätte. Sie war nie in fremder Obhut gewesen, nur bei den Eltern und Großeltern.
Mona ließ sich bereitwillig testen, vielleicht löste ich als Frau weniger Angst aus. Als Stressor erhielt ich folgende Hinweise: Alarmpunkt Blase –, Emotion Schrecken –, Angst –, Farbe Rot –, aber keine streßbelegte Emotion! Lebensalter 1 ½ Jahre –, männliche Person –, Vater +, Opa +, Einzelereignis –.
Da niemand hieraus eine sinnvolle Erklärung herleiten konnte, verabredeten wir uns für eine weitere Sitzung, um Zeit zum Nachdenken zu haben.
Eine Woche später trafen wir uns wieder, ohne neue Erkenntnisse. Die Stressoren waren identisch. Mich irritierte, daß wir zur Farbe

Rot keine Emotionen zuordnen konnten, wußte damit aber auch nicht weiter. Schließlich schoß mir eine verrückte Idee durch den Sinn: Mona war im Mai geboren, also war sie im Dezember 1985 genau 1 ½ Jahre alt! Dezember – Rot – männlich? Den Eltern fiel es wie Schuppen von den Augen, daß sie damals einen Nikolaus bestellt hatten, der an die Haustur gekommen war, schön verkleidet mit Sack und Rute. Mona hatte schreckliche Angst gehabt und sich nur hinter der Mutter versteckt.
Was.für eine einfache, logische Erklärung!
Mona schien ziemlich aufgewühlt, ein Streß-Reiease wehrte sie ab. Die Familie ging dennoch zuversichtlich mit dieser neuen Erkenntnis nach Hause, aus Termingründen sahen wir uns erst drei Wochen später. Sie berichteten mir, daß sie zwar alles sehr stimmig gefunden hätten, aber geändert hätte das rein gar nichts, Mona würde sich immer noch hinter ihrer Mutter verstecken, wenn z. B. ein Verkäufer sie im Geschäft ansprach oder sonst ein Mann auf sie zuging, es war wie immer.
Beim folgenden Treffen ließ Mona ohne große Vorbereitung das Streß-Release zu. Sie legte sich auf meine Liege und bekam den Auftrag, mit geschlossenen Augen an alles zu denken, was ihr zum Nikolaus einfiel so gut sie sich das vorstellen konnte. Sie sollte die Augen öffnen, sobald sie das Gefühl hätte, daß es vorbei sei. Ich legte in dieser Zeit meine Hand über ihre Stirn, so daß ich die beiden Punkte auf den Stirnbeinhöckern überbrückte.
Nach einigen Minuten öffnete sie von allein die Augen und schaute mich recht zufrieden an. Ich bat sie noch einmal um einen Kontrolltest: Alarmpunkt Blase +, Rot +, 1 ½ Jahre alt +, männliche Person +, Nikolaus +. Ich entließ die Familie und vereinbarte ein Telefongespräch vier Wochen später.
Der Anruf kam prompt, die Nachricht war phantastisch:
Monas Kindergartengruppe hatte Besuch bekommen von ihrem zukünftigen Klassenlehrer (!), sie war offen und neugierig auf ihn zugegangen, die Kindergärtnerin hatte es kaum fassen können.
Ich sah Mona kurz darauf noch einmal, als die Eltern mich wegen eines Infekts aufsuchten, sie brachte mir (mitten im Sommer !) einen selbstgemalten Nikolaus mit!
Nach allem, was ich über die nächsten Jahre verfolgen konnte, ist aus Mona nie eine Draufgängerin geworden, was auch sicher nicht das Ziel einer Behandlung ist. Sie hatte überflüssige, unnötige Ängste verloren, sie war ein Stück freier geworden für ihren Lebensweg.

Rein wissenschaftlich, neurophysiologisch, kann ich Ihnen den Vorgang des Streß-Release nicht erklären, und doch weiß ich aus etlichen Beispielen, daß es eben genau diese Handlung ist, diese Kombination von innerer Leitschiene und Berühren der Streßpunkte auf den Stirnbeinhöckern, die schließlich eine Veränderung bewirkt. Indem offensichtlich beide Gehimhälften, die das Erlebte unterschiedlich verarbeiten, in Einklang gebracht werden, scheint sich ein Wandel zu vollziehen, den ich mir in meiner normalen psychotherapeutischen Tätigkeit nie hätte träumen lassen.
Die Forschung über die Funktionsweise unseres Gehirns steckt ohnehin noch in den Kinderschuhen, besonders, was sogenannte paranormale Erscheinungen angeht, warum sollte ich schlauer sein als die Experten? Und so stehe ich zu meinem Manko einer physiologischen Antwort und fühle mich in guter Gesellschaft unter denen, die wissen, daß sie nichts wissen, aber ich biete Ihnen reproduzierbare Beobachtungen, gewissenhafte Recherchen und versuche im Rahmen meiner Kenntnisse eine Hypothese.

Die Funktion der beiden Gehirnhälften

Um das Streß-Release zumindest analog zu verstehen, müssen wir die unterschiedliche Funktion der beiden Gehirnhälften betrachten, in ihnen liegt die Antwort, warum wir Erlebtes nicht einfach rational abstreifen können, sondern unbewußt stärker durch emotionale Verbindungen als durch den Verstand geprägt sind.
Unsere beiden Gehirnhälften haben qualitativ unterschiedliche Funktionen. Allgemein bekannt ist, daß die rechte Seite die Motorik und Sensibilität der linken Körperhälfte steuert, die linke Hemisphäre für die rechte Körperhälfte zuständig ist.
Komplizierter wird es schon bei unseren Sinnesorganen, die über verschiedene Schaltzentralen teilweise mit beiden Gehirnhälften vernetzt sind. Von dieser rein organischen Steuerung abgesehen, gibt es typische Eigenschaften, wie diese beiden Hemisphären arbeiten.
Während die linke logische Schlußfolgerungen zieht (z. B. beim Lesen dieser Zeilen), Argumente liefert, beurteilt und in Worte umsetzt, entspringen der rechten die Ideen, hier werden Vorstellungen geboren, wird in Bildern gedacht, wird komplex wahrgenommen und empfunden.
Wer glaubt, alles auf der Welt mit Links verbalisieren und logisch dar-

stellen zu können, möge einmal versuchen, Mozarts „Kleine Nachtmusik" so in Worte zu fassen, daß ein anderer sie innerlich hören kann!
Die linke Hemisphäre konstruiert Gedankengänge (sie rechnet 12 x 12), die rechte „weiß" die Lösung, wenn sie einmal gelernt wurde, denn der linken Seite ist eher das Kurzzeitgedächtnis zugeordnet, der rechten der Langzeitspeicher. (Ob sich alles so drastisch in links und rechts einteilen läßt oder ob auch noch andere Zonen des Gehirns daran beteiligt sind, spielt für die grundsätzliche Hypothese keine entscheidende Rolle.)
Weder die eine noch die andere Seite „hat recht", sondern ideales Leben und Lernen kann nur erfolgen, wenn beide Hemisphären daran beteiligt werden und die Kommunikation, die über eine Nervenfaserbrücke zwischen ihnen erfolgt, optimal klappt.
Hier einige der unterschiedlichen Qualitäten:

Linke Gehirnhälfte		**rechte Gehirnhälfte**	
analytisch	Leistung	synthetisch	Ideen
logisch	schreiben	intuitiv	malen
männlich	Kontrolle	weiblich	Erfahrung
abstrakt	Beweis	bildhaft	Vertrauen
linear	argumentieren	assoziierend	einfühlen
rational	Planung	empfindsam	Spiel
konkret	akut	analog	chronisch
angespannt	Disziplin	entspannt	Spontaneität
Zahlen	Intellekt	Rhythmus	Phantasie
Mathematik	Wissen	Musik	Weisheit
Sprache	Regeln	Vorstellung	kreativ
zerlegen	Verstand	umfassend	Verständnis

Wenn Sie die Liste betrachten und mit unserem heutigen westlichen Lebensbild abgleichen, wird Ihnen sicher nicht entgehen, auf welche der beiden Seiten wir uns geschlagen haben. In unserem Kulturkreis zählen überwiegend die Qualitäten der linken Hälfte, die der rechten werden eher als versponnen, unberechenbar und störend abgetan. Rein logisch (linke Hälfte) frage ich mich nur, warum wir dann zwei gleich große Hirnhälften (Hemisphären) haben, die unterschiedlich angelegt sind?

Rechts oder links? Oder beides?

Wir übersehen bei unserem Anspruch auf rein rationales Denken und Leben vollständig, daß die verdrängte rechte Himhälfte sich nicht ignorieren läßt. An allen möglichen und unmöglichen Stellen mischt sie sich ein, unterwandert sie unsere Kontrolle: Ohne im Schlaf zu träumen, werden wir krank. Eine Beziehung gehen wir aus Gefühlen ein, selten aus reiner Berechnung. Selbst welche Versicherung wir abschließen, liegt mehr an den unbewußten Signalen der Werbung (zarte Babyfüßchen, die auf sicherem Boden stehen sollen) als an objektiven Informationen. Überhaupt ist die Werbung, die ja einen riesigen Anteil unseres Wirtschaftslebens ausmacht, eine etwas absurde Synthese von Links- und Rechtshirnigkeit: Mit Links wird geplant, die Käufer mit Rechts herumzukriegen! Oder glaubt jemand im Ernst, daß Freiheit und Abenteuer durch das Rauchen einer Zigarette im muffigen Büro ersetzt werden können?
Mit Links wollen wir zwar viel, können aber nichts erzwingen. Wenn wir emsig über eine Erfindung nachdenken, wenn wir krampfhaft nach dem Namen einer Person suchen – wir erreichen unser Ziel meist, wenn wir unsere linke Hemisphäre auf etwas völlig anderes ausrichten und das Thema losgelassen haben, dann „fällt uns das Richtige ein“.
Selbst wenn Sie vergessen haben, weshalb Sie in den Keller gegangen sind – Sie können die Erinnerung nicht erzwingen. Erst wenn Sie an den Ort Ihres Gedankens zurückgehen, wird es Ihnen einfallen – völlig unlogisch, aber assoziativ!
Mal ganz abgesehen davon, wie öde unsere Welt ohne die Qualitäten der rechten Gehirnhälfte wäre, immer mehr setzt sich die Erkenntnis durch, daß effektives Lernen und Denken und besonders Kreativität nur „ganzheitlich“ möglich ist, das heißt mit gleichwertigem Einsatz beider Hemisphären und einer optimalen Verschaltung zwischen beiden. Was nützt es letztlich, wenn die Rechte nicht weiß, was die Linke tut? – Auch dieses Buch, den Muskeltest und all seine Ergebnisse werden Sie nur dann erfassen, wenn Sie sich beiden Seiten öffnen!

Die Rolle der Hemisphären in der psychischen Entwicklung

Auch in der Verarbeitung von Reizen, die auf uns einwirken, reagieren die beiden Hemisphären – bzw. verschiedene Gehirnareale – unterschied-

lich: Die rechte fühlt, die linke denkt. Dabei treten diese beiden Reaktionen zeitversetzt ein, das Gefühl ist schneller als der Gedanke.
Mit „Gefühl“ sind hier jedoch nur zum kleinen Teil die Emotionen gemeint, eine viel größere Bedeutung haben die unterschwelligen Wahrnehmungen, die den Instinkt und die Intuition unmittelbar ansprechen und rational schwer faßbar sind.
Wenn jemand einem Streß, einer Gefahr ausgesetzt wird, dissoziieren die beiden Hirnhälften für einen Augenblick (ähnlich wie die neuromuskuläre Entkopplung erfolgt, damit die Muskeln für eine Reflexhandlung bereitstehen). Die rechte nimmt einen Reiz wahr und reagiert mit einem Gefühl oder indem sie eine Handlung in Gang setzt, erst später folgt die linke mit einer rationalen Verarbeitung. (Wir werden uns bewußt, wie wir soeben instinktiv gehandelt haben.)
Jeder Reiz erreicht uns erst einmal auf der unbewußten Ebene und dringt dann zur bewußten vor. (Hierzu hat Tor Nøretrander [„Spüre die Welt“] faszinierende Untersuchungen verschiedener Hirnforscher dargestellt.)
Selbst in scheinbar völlig kontrollierten Situationen wie in Bewerbungsgesprächen fällt die eigentliche Beurteilung spontan intuitiv, in den folgenden Gesprächen wird die längst getroffene Entscheidung nur noch rational begründet.

> Ein denkender Mensch ist in der Lage, in einer angstbesetzten Situation das Gefühl durch die Erkenntnis, durch sein Wissen richtig einzuordnen und damit zu relativieren. Wenn er „erkannt“ hat, daß keine Gefahr droht, kann er bewußt umschalten und sich von der Angst (oder anderen Gefühlen) lösen.

Beispiele gibt es viele: Ich wache in der Nacht auf und sehe den Schatten einer männlichen Silhouette im Zimmer. Angst steigt auf, ich vermute Einbrecher und Meuchelmörder (versuchen Sie mal, in so einer Situation das rationale Wissen gewinnen zu lassen!). Während ich hinschaue, wird mir klar, daß der Kleiderständer diese Kontur geschaffen hat. Mein Herz klopft noch heftig, nach ein paar Augenblicken kommt es zur Ruhe, das Gleichgewicht zwischen Wissen und Fühlen ist wieder hergestellt.

Lösung durch Erkenntnis

Dies setzt aber voraus, daß das Erlebte nicht auf ein unverarbeitetes Muster stößt.

Wenn ich zum Beispiel sauer bin, weil mir jemand den Parkplatz direkt vor der Apotheke weggenommen hat und ich durch den Regen laufen muß, später aber erfahre, daß der Fahrer ein schwerkrankes Kind zuhause hat, kann ich mich von dem Gefühl durch Einsicht trennen.
Wenn ich jedoch spüre, daß diese Einsicht an meinem Empfinden nichts ändert, daß ich mich immer noch vom Schicksal ungerecht behandelt fühle, dann ist anzunehmen, daß eine alte Prägung durch das banale Ereignis wachgerufen wurde. Vielleicht, weil mein kleiner Bruder mir als Kind jeden Leckerbissen und jedes Spielzeug vor der Nase weggeschnappt hat?

> Die Frage liegt nahe, was entscheidet darüber, ob ich die akute Situation unvoreingenommen angehen kann oder ob ich auf ein altes Muster stoße? Nach meiner Ansicht nur die Bedingung, ob zum Zeitpunkt des Ersterlebens eine bewußte Verarbeitung möglich ist oder nicht.

Ungeborene, Säuglinge und kleine Kinder sind dem Gefühlsleben ausgesetzt, ohne mit dem Intellekt einordnen und / oder adäquat handeln zu können. Sie sind ihren Erlebnissen ohnmächtig ausgeliefert, und somit ist die daraus entstehende Angst durchaus berechtigt. (Mona konnte den Nikolaus nicht zuordnen, Annette konnte mit 1 ½ Jahren nicht nachvollziehen, daß ihre Mutter sie nicht verstoßen hatte, sondern nur eine Weile in der Waschküche war. Aus der heutigen Sicht wirkt es fast lächerlich, daß diese Erlebnisse eine derartige Angst hinterlassen haben können, das Kind erlebte sie aber als eine massive Bedrohung.)
Da sie nicht mit dem Verstand begreifen, warum zum Beispiel ein elementares Bedürfnis unerfüllt bleibt, da sie das reale Risiko nicht abschätzen und auch nicht selbständig reagieren können, bleibt nur der Weg in die Verdrängung; diese ist in diesem Alter die einzige und auch gesunde Lösung, um nicht auf das Trauma und die damit verbundene Angst fokussiert zu bleiben.

Auslöser

Über Verdrängung gerät etwas Erlebtes in Vergessenheit, existiert aber weiter, ohne dem Bewußtsein direkt zugänglich zu sein. Damit entfällt die Möglichkeit, z. B. eine Angst zu lösen, indem man erkennt, daß sie inzwischen überflüssig geworden ist.

Da Schmerzvolles nicht gelöscht, sondern unverarbeitet verbannt wurde, macht es sich indirekt bemerkbar, wie z. B. in Träumen oder eben auch in unbeabsichtigten Reaktionen auf Ereignisse. Es ist, als wäre das ursprünglich Erlebte mit einem festen Deckel verschlossen, ähnliche Situationen drücken dann auf einen Knopf, der den Deckel aufspringen läßt. Da es darunter finster ist, erkennen wir den Zusammenhang nicht, nehmen aber die üblen Gerüche wahr, die von dort aufsteigen.
Je nachdem, in welchem Lebensalter ein Trauma erfolgt, kann es relativ spurlos ausheilen oder tiefe Kerben hinterlassen. Wenn ein Neugeborenes keinen Körperkontakt erfährt, wird das Kind hierdurch erheblich traumatisiert, wenn ein Sechsjähriger dies erlebt, ist es zwar auch bedauerlich, aber weniger prägend für den Rest des Lebens.
Dagegen berührt es ein Neugeborenes noch recht wenig, wenn es als Versager bezeichnet wird, dies kann jedoch das Selbstbewußtsein des Sechsjährigen nachhaltig zerstören. Ich werde später noch auf die einzelnen Prägungsphasen eingehen.
Druck erzeugt nach den Gesetzen der Physik Gegendruck, und so lassen sich verdrängte Erfahrungen (Druck) nicht löschen, sondern sie drängen zur Verarbeitung (Gegendruck). Solange sie diesen Weg nicht gefunden haben, machen sie sich, je nach Intensität des Erlebten, in vielerlei unschädlichen Marotten oder in Depressionen, Neurosen, Süchten und psychosomatischen Krankheiten bemerkbar.
Das heißt, im Sinne einer gesunden Entwicklung ist es ein Kunstfehler, diese Hilfeschreie mit Medikamenten zu ersticken, statt Angebote zu machen, die diese Signale übersetzen helfen!
Ebenso wird es wenig Sinn machen, sich solche Empfindungen abzutrainieren, sie müssen sich dann ja einen neuen Ausdruck suchen.

> Also weisen diese „verrückten“ und unangemessenen Reaktionen im Alltag nur auf psychisch Unerledigtes hin, das noch gelöst werden möchte.

Schon deshalb stoßen wir in unserem Lebensumfeld immer wieder auf dieselbe Art von Schwierigkeiten, während unser Nachbar merkwürdigerweise auch immer dieselben Probleme hat, aber andere als wir.
Situationen, die eine ähnliche Gefühlsqualität ansprechen wie ein Ersterlebnis, drücken auf einen psychischen Knopf, der ganze Reaktionskaskaden in Gang setzen kann. Wer immer darunter gelitten (und es verdrängt hat), daß der kleine Bruder bevorzugt wurde, der wittert schon Ehescheidung, wenn der Partner 10 Minuten zu spät nach Hause kommt...

Kinder als Spiegel

Eine geradezu geniale Gelegenheit zur Aufarbeitung nutzt das Unterbewußte im Spiegelbild eigener Kinder. Ich habe ganz besonders viele Mütter erlebt, deren verdrängte Traumata sich genau zu der Zeit wieder meldeten (z. B. als psychische oder organische Störung), wenn ein Kind in dem Alter war, in dem sie selbst verletzende Erfahrungen gemacht hatten. So konnten u. a. Wochenbettpsychosen geheilt werden mit einem Streß-Release über die Erkenntnis, selbst als Kind unerwünscht gewesen zu sein!
Weniger dramatische verdrängte Erfahrungen schlummern oft Jahre und Jahrzehnte, äußern sich evtl. in undefinierbarem Unbehagen in bestimmten Situationen. Auch sie werden durch spezifische Auslöser wieder geweckt, so wie Annette S. es erlebte, als sie durch das Alter ihrer Tochter an ein verdrängtes Erlebnis erinnert wurde, das zu Angst und unaufhörlichen Hustenattacken geführt hatte.

Integration von Wissen und Fühlen

Vieles spricht für die Vorstellung, daß Erfahrungen und Traumata über die Verknüpfung von Bewußtsein und Emotion gelöst werden können. Die Erkenntnis allein ist offensichtlich hierzu nicht in der Lage, sonst wären zum Beispiel die konventionelle Psychoanalyse und die übliche Gesprächstherapie effektiver.
Rein emotionales Nacherleben scheint zwar vorübergehend Streß abzuleiten, wie ich es in verschiedenen Therapieformen kennengelernt habe, aber entlastet nicht auf Dauer und ändert nur selten Muster.
In der Verbindung von beidem – und zwar gleichzeitig! – scheint die Lösung zu liegen. (Und damit wird auch die linke Gehirnhälfte rehabilitiert, ohne deren Fähigkeit zur bewußten Introspektion Psychotherapie ebenfalls nicht möglich ist.)

> Psychotherapie erfordert die Ganzheit von Erleben, Fühlen und Erkennen, fordert den Einsatz beider Gehirnhälften und die optimale Kommunikation zwischen beiden.

Ich lasse es für unsere Arbeit bei dem Fazit, daß in bezug auf bestimmte traumatisierende Themen die beiden Gehirnhälften – oder vielleicht auch anders lokalisierte Areale – voneinander entkoppeln, abschalten. Der

Zugriff auf diese Datei ist dem Bewußtsein versperrt, trotzdem mischen sich deren Impulse ständig in unser Programm ein.
Links und Rechts gehen ihre eigenen Wege, alle Einsicht, daß eine Reaktion unsinnig ist, kommt nicht gegen den Impuls der Emotion an (denken Sie allein schon an die vielen Süchte unseres heutigen Lebens, niemand würde sie von der Vernunft her gutheißen, dennoch kann man ihnen so schwer entkommen).

Streß-Release als Integrationshilfe

Um im Computerjargon zu bleiben: Im Streß-Release holen wir den Fachmann, der den Zugang zu der gestörten Datei herstellt und den Programmfehler korrigiert.
Durch die Konzentration des Klienten auf sein Thema und den gleichzeitigen „energetischen Brückenschlag" bei Berührung der Stirn(beinhöcker) scheint eine Art Bypaß gebildet zu werden, der rechter und linker Hemisphäre die Gelegenheit gibt, über das Erlebte mit den Qualitäten beider Seiten zu kommunizieren.
Das Unterbewußtsein verfolgt anhand dieser Fokussierung die Fäden in die Vergangenheit, wobei es das „Fehlmuster" erkennt und aus heutiger Sicht neu bewertet. Damit verliert das Thema seinen traumatischen Charakter und seinen prägenden Einfluß.
Es ist, als wird man noch einmal in die Zeit des ursprünglichen Erlebens zurückversetzt, aber mit dem Potential und der Reife des heutigen Erwachsenen. Hier wird quasi der Deckel von den verdrängten Erinnerungen hochgehoben und mit der Taschenlampe in das Dunkel hineingeleuchtet.
Der Erfolg des Streß-Release hängt nicht davon ab, ob der Patient sich an die „wirkliche", objektive Situation erinnert, wichtiger ist es eher, wie gut er sich auf die *Erinnerungsqualitäten* einlassen kann, das heißt das Reservoir der rechten Gehirnhällfte in den Prozeß integriert.
Hierzu ist es hilfreich, sich Situationen bildhaft vorzustellen, die Worte noch einmal nachhallen zu lassen, der Stimmung und den Gefühlen nachzuspüren. Es gibt eine Reihe von verdrängten Erlebnissen, die nur vage erinnert werden, die wir nur recht theoretisch rekonstruieren können. Auch das reicht aus, ebenso wie ein scheinbar willkürlich erdachtes Bild, wenn es mit der Qualität des ursprünglichen Erlebens übereinstimmt!
Denn letztlich ist es nicht dieser kleine Ausschnitt unserer bewußten Fokussierung, der ein Streß-Release erfolgreich macht, sondern im Fo-

kus liegt der Auftrag für das Unterbewußte, und dieses übernimmt die eigentliche Arbeit (so wie Sie beim Druck auf die Taste eines Computers auch nicht bewußt verfolgen, welche Millionen von Verschaltungen in Gang gesetzt werden, und dennoch das gewünschte Ergebnis bekommen).

Emotionaler Wandel

Viele Patienten durchleben im Streß-Release emotional zunächst noch einmal die zugrunde liegende Erfahrung, manchmal sehr detailliert mit einer Fülle von wiedererwachten Erinnerungen, selten dramatisch, manchmal mit einer Distanz wie in einem Film, manchmal folgen sie nur dem Auftrag des Therapeuten, ohne sich in Gefühle zu vertiefen. Vereinzelt kann es zu einer Katharsis kommen, einem intensiven Nacherleben des ursprünglichen Traumas, notwendig ist dies jedoch nicht.

Betroffenheit und tiefe Gefühle begleiten ein Streß-Release häufig, psychische Zusammenbrüche habe ich allerdings nie gesehen. Diese halte ich schon deshalb für unwahrscheinlich, weil ja nichts gänzlich Neues entdeckt wird, Gespräche und Tests kreisten lange genug um das Thema, und zum anderen wacht die Filterinstanz des Unterbewußtseins ohnehin darüber, daß nur verkraftbare Informationen durchgelassen werden.

Davon einmal abgesehen: Wenn unsere Psyche in der Lage war, das eigentliche Trauma zu erleben und Strategien zum Überleben zu entwikkeln, wie sollte dann das bloße Anschauen einer abgeschlossenen Situation heute als reiferer Mensch nicht mehr verkraftet werden? – Welchen Sinn außer einer Entbindung des alten Traumas sollte dann überhaupt das Drängen des Unbewußten haben, das uns immer wieder ähnliche Situationen anziehen läßt, das uns immer wieder mit dem alten Muster konfrontiert?

In der Regel vollzieht sich schon während des Streß-Release ein merklicher Wandel. Meist entspannen sich nach einigen Minuten die Gesichtszüge und die Atmung der Klienten erkennbar, und sie berichten hinterher, daß sich Ängste, unangenehme Gedanken und Empfindungen zunehmend aufgelöst haben, daß alles in einem anderen Licht erscheint. Selbst wenn in dramatischen Situationen nicht alles wie weggeblasen ist, so ist doch zumindest eine deutliche Erleichterung zu spüren.

Kontrolltest

Logisch ist es – aus kinesiologischer Sicht – nach dem Streß-Release noch einmal die Stressoren zu prüfen, um zu sehen, ob alle gelöst wurden. Mit der Kontrolle der Affirmation schließe ich das Streß-Release ab. Das heißt, der Patient spricht noch einmal im Sinne des „Lügendetektors" den Satz, der sein Wunschziel der Sitzung ausdrückt (z. B. „Ich habe den Mut, den Arbeitsplatz zu wechseln"). Wenn wir die Wurzeln der Fehlmuster mit dem ESR vollständig erfaßt haben, wird dieser Satz jetzt in der Wunsch- und Möglichkeitsform den Muskel stark lassen.
Erst dann sollte man die Arbeit als beendet ansehen, abgesehen von einem abschließenden kurzen Gespräch über den Verlauf, die Gefühle und das weitere Vorgehen.

> Wenn zum Schluß alle bisherigen Stressoren stark testen, heißt das für die weitere Prognose, daß derselbe Streß in bezug auf denselben Aspekt des Themas nie wieder auftauchen wird.

Vorausgesetzt, daß Sie an die Wurzel seiner Entstehung gelangt sind!
Wann immer dieselbe Problematik in unveränderter Form zu einem späteren Zeitpunkt wieder erscheint, weist es darauf hin, daß das Urtrauma oder die Urprägung noch nicht vollständig erkannt worden ist.
Das ist aber nicht damit zu verwechseln, daß dasselbe Ereignis noch andere Arten traumatischer Erfahrung enthält oder daß ein Streßbegriff auch noch anderen Lebensmustem zuzurechnen ist.
Eine Vergewaltigung zum Beispiel kann verschiedene Gefühle auslösen: Angst wegen der körperlichen Bedrohung. Tiefe Enttäuschung über den Täter. Wut, daß niemand geholfen hat. Schuldgefühle, inwieweit man einen Anlaß geboten hat. Und vielleicht noch einiges mehr. Jede dieser Emotionen muß gesondert aufgelöst werden!
Wenn andererseits zum Beispiel „Rot" einmal Stressor war in diesem Zusammenhang, dann ist es zwar beim Kontrolltest nach dem ESR frei, kann aber für andere Lebenssituationen wieder eine Rolle spielen und in einer späteren Sitzung bei einem anderen Thema sogar mit demselben Streßbegriff antworten.

> Kurz gesagt heißt das, daß ein Streß-Release zwar endgültig von dem bearbeiteten Aspekt befreit, daß aber noch andere Teilbereiche eines Themas offen sein können. Dagegen können Einzelstressoren, sozusagen die Puzzlesteine, auch in anderen Zusammenhängen, in einem anderen Spiel wiederkehren.

Breite oder Tiefe?

Man kann in einer Sitzung die Entscheidung treffen, alle nur möglichen Stressoren aufzudecken, die den Klienten belasten, also über das eigentliche Thema hinaus möglichst „vollständig" zu sein. Dies habe ich ursprünglich in meiner kinesiologischen Ausbildung gelernt, und ich weiß, daß viele Kinesiologen es über Jahre hinweg nur so praktizieren.
Es gibt Therapeuten, die das Streß-Release schematisch-mechanistisch in der Breite aller emotionalen Belastungen durchforsten und jeglichen Stressor gesondert regulieren. Einige plädieren für die tägliche Suche und Ablösung von Stressoren im Sinne einer Psychohygiene.
Dagegen ist auch sicher nichts einzuwenden, wenn man sich bewußt bleibt, daß man damit die Oberfläche bearbeitet. Wobei man eine „symptomatische" Stabilisierung andererseits schon mal nutzen kann, um sich für eine tiefere Bearbeitung bereit zu machen.

Eine Seminarteilnehmerin berichtete, daß sie sich regelmäßig immer wieder über Regulierung im Sinne des Touch for Health ins Gleichgewicht brachte, um ihre fast unzumutbare Arbeitssituation damit erträglicher zu machen. Sie beklagte sich, daß sie „nicht weiter käme". Innerhalb des Kurswochenendes wurde ihr klar, daß sie Angst hatte vor der grundsätzlichen Klärung und einer damit verbundenen Veränderung. Sie entschied sich bewußt, weil sie die Zeit für eine tiefere Arbeit noch nicht als reif empfand, ihr Stabilisierungsritual beizubehalten.

Als ich sie ein Jahr später wieder traf, erzählte sie, daß ihr erst allmählich klar geworden war, daß sie durch ihre kinesiologischen Übungen das wahre Problem verdrängte. Sie hatte nach einigen Monaten die Hilfe einer anderen Kursteilnehmerin angenommen und war ihrer Angst bis an die Wurzel gefolgt, um sie über ein Streß-Release aufzulösen Kurz danach habe sie im Betrieb gekundigt und inzwischen eine freiberufliche Tätigkeit begonnen.

Wenn ich wiederholt an der Oberfläche reguliere, kann der Weg in die Tiefe der Erkenntnis unter Umständen erschwert werden, weil keine Notwendigkeit zum „Tauchen" gespürt wird. Und folglich können wir das tagtägliche Regulationsritual bis in alle Ewigkeit fortsezen – und allzu oft beobachten, daß sich an einem grundsätzlichen Problem unseres Lebens nichts ändert.
Wenn ich mich dagegen in Therapien führen lasse durch die Informationen des Unterbewußtseins, tauchen wir automatisch gemeinsam in emotionale Tiefen, und diese Konzentration schließt Breite und ablenkende

Aktivitäten aus. Durch empathisches Mitgehen fühlt sich ein Patient ernst genommen, kann er sich wirklich einlassen, erkennen und überzeugt handeln.
Vom mechanistischen „Stressoren-Lösen" bis zur einfühlsamen, auch intuitiven Teilnahme am Weg des Patienten war für mich ein langer Weg, und ich bin sicher, daß hierin mein Lernprozeß noch nicht beendet ist. Den Menschen und sein Problem zu verstehen, scheint in ihm eine wesentliche Kraft zu mobilisieren, die den Prozeß einer Lösung beschleunigt.
Zwar ist das Streß-Release auch ohne innere Zuwendung des Therapeuten wirksam. Wenn man die psychische Lösung von Altlasten und das Wagnis einer Neuorientierung jedoch als Gesamtes sieht, liegt viel Potential in der Art, wie sich der Therapeut persönlich einbringt (hierzu noch ein paar Gedanken im Kapitel „Der ideale Therapeut").
Es liegt in der (un)bewußten Entscheidung des Testers, welchen Weg er wählt; verständlicherweise wird das oft der sein, den er in seiner Ausbildung gelernt hat. Mein Weg hat sich, vermutlich auch aufgrund meiner unbewußten Einstellung, anders entwickelt als die Ausbildung in der Kinesiologie vorgegeben hatte, und für mich und meine Arbeit hat er sich als stimmig erwiesen.
Meine Absicht ist – mit Mut zur Lücke – das einfühlsame Mitgehen durch einen heilsamen Prozeß, das behutsame Führen mit dem Muskeltest, ohne ihn herrschen zu lassen. Hierbei bleibt die Kinesiologie ein (vorzügliches) Instrument, aber nicht eine dominierende Methode.

Verstärkende Begleitmaßnahmen?

Wenn wir schon gerade bei der etablierten Kinesiologie sind: Falls Sie schon über deren Institutionen einiges gelernt haben, mag Ihnen in meinen Darstellungen noch ein weiterer Unterschied auffallen, nämlich daß die übliche kinesiologische Therapie mit wesentlich mehr methodischen Aktivitäten gefüllt ist.
Während ich mich darauf beschränke, im Streß-Release ausschließlich die Stirnbeinhöcker zu halten (manchmal auch Stirn und Hinterhaupt, das entscheide ich intuitiv oder nach Test), beziehen klassische Kinesiologen darüber hinaus andere reflektorische Behandlungen mit ein. Sie stimulieren während des ESR bei einer emotional bedingten Schwächung eines Meridians dessen neurolymphatische Reflexzonen, lassen den Patienten neurovaskuläre und andere Reflexpunkte berüh-

ren, eine bestimmte Körperhaltung einnehmen und / oder mit den Augäpfeln kreisen, um verschiedene Gehirnareale zu aktivieren. Währenddessen soll er positive Affirmationen sprechen und sich auf die getesteten Stressoren fokussieren.
Mir gelingt es leider nie, mich während ungewohnter Aktivitäten auf innere Bilder zu konzentrieren, und ich befürchte, daß es den meisten meiner Patienten ebenso geht (womit ich eine Wirksamkeit jedoch nicht ausschließe).
Ich möchte nicht systematisch Stressoren regulieren, sondern einen Menschen ein Stück auf dem Weg zur (Selbst-)Erkenntnis begleiten, und dazu gehören für mich die Vertiefung und das Bewußtwerden eines Prozesses. Die Ergebnisse der Arbeit sind so überzeugend, daß ich auch nie vor der Alternative stand, wieder zum kinesiologisch Gelehrten und Gelernten zurückzukehren.
Eine Ausnahme zur Vertiefung des Streß-Release nutze ich hin und wieder, die liegt jedoch auf einer ganz anderen Ebene: Es kommt immer wieder vor, daß ich ein Kind behandle in Gegenwart eines Elternteils, meistens der Mutter. Sofern dieser Elternteil in irgendeiner Weise an dem bearbeiteten Trauma beteiligt war, wie z. B. im Falle von Geburtsproblemen, kann der- bzw. diejenige ins ESR einbezogen werden. Die Bahnung im Unterbewußtsein scheint sich erheblich zu verstärken, wenn sich jemand bewußt an die Ereignisse erinnert, den Streß nachfühlen kann und dabei Körperkontakt zum Kind hält, möglichst indem eine Hand auf die Nabelregion gelegt wird. (Über diese Art nonverbaler Kommunikation habe ich mir einige grundsätzliche Gedanken in „Gesund durch analytische Kinesiologie“ gemacht.)
Noch einmal möchte ich betonen, daß wir die Weisheit des Un(ter)bewußten gar nicht hoch genug schätzen können. Wenn wir mit ihm eine Kooperation wagen, können wir sicher sein, daß jeder Arbeitsschritt dem Wohle und Besten des Klienten dient.

Streß-Release und Therapiebegleitung

Das Streß-Release, zu dem uns die psychologische Analyse mit dem Muskeltest geführt hat, schließt einen alten Aktenordner, der in den Prägungsjahren der Kindheit angelegt und durch die Erfahrungen der

Lebensgeschichte aufgefüllt wurde. Noch einmal wurde gesichtet, unter welchem Blickwinkel das Leben gesehen und erlebt wurde. Jetzt kann der Ordner archiviert werden, ohne daß wir darin weiter Dokumente suchen für unseren heutigen Alltag. Das, was war, ist verstanden und abgehakt.

Durch das Streß-Release werden Dinge weder ungeschehen gemacht, noch in ihrer Auswirkung verdreht, es wird nichts manipuliert und nichts suggeriert. Es ist einfach so, daß ein hinderlicher Knoten gelöst wird, der unser Lebensboot nicht zu neuen Ufern starten ließ. Nichts Positives wird über Bord geworfen, nur die Leine vergangener Erlebnisse gelöst.

Mein liebstes Bild für unsere Arbeit:

Jeder Mensch sitzt in seinem Lebensboot und möchte zu neuen Ufern. (Wenn er das nicht möchte, kommt er auch nicht zur Therapie.) Er sucht zu dem Zeitpunkt Hilfe, wenn er trotz kräftigen Ruderns nicht vorwärts kommt.

Der Therapeut steigt vorübergehend mit in das Boot und stellt gemeinsam mit dem Ruderer fest, daß der Anker noch im Wasser liegt. Der Klient versucht, ihn an Deck zu ziehen, was nicht gelingt. Also muß er tauchen, um zu sehen, wo der Anker festsitzt. Der Therapeut bleibt derweil an Deck und paßt auf, daß das Boot nicht kentert. Der Klient hat den Anker aus einigen Felssteinen gelöst (Streß-Release), indem er unter die Oberfläche gegangen ist. Sie holen gemeinsam den freien Anker an Bord, der Therapeut steigt wieder aus, der Klient kann allein weiterrudern. Er wird vermutlich wieder um Hilfe bitten, wenn er nicht von der Stelle kommt, sei es, daß er auf eine Untiefe gelaufen oder in einen Sturm geraten ist, oder wenn er nur einen neuen Kurs bestimmen möchte.

Frei zu neuem Fühlen und Handeln

Dieser Akt der Befreiung von alten Mustern ändert einiges, sowohl im Gefühl wie konkret im täglichen Leben. Meist lassen die Herausforderungen nicht lange warten, wir ziehen genau die Situationen wieder an, die wir nur allzu gut kennen, in denen wir uns immer wieder in derselben Weise selbst ein Bein gestellt haben.

> Nach einem effektiven Streß-Release stellen wir fest, daß tatsächlich nicht nur das Gefühl in der altvertrauten Situation ein anderes ist, sondern daß daraus auch eine neue Handlungsweise entspringt.

Diese Wandlung wird von den meisten Menschen ähnlich und doch wieder sehr individuell erlebt. Grundsätzlich tritt nach dem ESR eine Erleichterung, eine Entspannung ein. Dies bedeutet nicht unbedingt ein Gefühl der Glückseligkeit, sondern kann auch unterdrückte Tränen zum Fließen bringen oder berechtigte Wut freisetzen. Doch diese wird nicht, wie es aus dem dunklen Unbewußten geschehen kann, „mit dem Betroffenen durchgehen“, sondern in konstruktive Bahnen geleitet.

Indem man sich nicht mehr ausgeliefert fühlt an die Macht der Emotionen, ist das Handeln nicht mehr reaktiv, sondern wird wieder kreativ!

Das Positive im Negativen

Fast immer tauchen nach dem Streß-Release eine Fülle von Erinnerungen zu diesem Thema auf, selbst viele Bilder, die völlig aus dem Gedächtnis gestrichen schienen, wie beim Sichten einer alten Akte, nur aus einem neuen Blickwinkel. Aus dieser veränderten Perspektive bergen selbst verletzende Erfahrungen durchaus Positives, das der Persönlichkeitsentwicklung dient.

Schließlich sind die meisten Kompensationsmechanismen keine Beweise der Lebensuntüchtigkeit, sondern im Gegenteil die optimale Überlebensstrategie. Sie werden erst dann zum Hindernis, wenn der kompensierende Charakter nicht mehr erkannt, sondern als Selbstzweck und schließlich Lebensinhalt betrachtet wird.

Wer das sieht, wer bereit ist, daraus zu lernen, ist auf dem besten Weg zu Unabhängigkeit und Liebesfähigkeit. Wie Goethe so treffend sagte: „Auch aus Steinen, die dir in den Weg gelegt werden, kannst du etwas Schönes bauen!“

Wenn Sie einen Patienten über eine längere Wegstrecke seiner Entwicklung begleiten, werden Sie voraussichtlich nach und nach gemeinsam immer mehr alte, untaugliche Verknüpfungen über Analyse und Streß-Release lösen. Danach ist jeweils Zeit nötig, um im Alltag nachzuspüren und zu erfahren, was sich geändert hat. Der Abstand zur Folgesitzung muß diesem Prozeß gerecht werden.

Begleitung mit „langer Leine"

Zu kurze Abstände schaffen – bis auf die Ausnahme akuter Krisen – Abhängigkeit. Ich kenne eine Reihe von Menschen in Psychotherapien, die sich nur von Termin zu Termin lavieren, ohne Selbständigkeit zu erproben, da sie vor ihrer eigenen Herausforderung jederzeit zu ihrem Therapeuten fliehen können. Sie setzen die Hoffnung auf die Zeit, wenn sie mit ihrer Therapie „fertig" sind, und fühlen sich auf dem Weg dorthin noch inkompetent und machtlos ohne ihren Therapeuten.
Durch das Streß-Release jedoch ist eine Voraussetzung geschaffen, mit Zuversicht zurück in den Alltag zu gehen, manchmal sogar neugierig die Herausforderungen auf sich zukommen zu lassen.
Deshalb liegen in meiner Praxis die psychotherapeutischen Termine üblicherweise zwischen 4 Wochen und 2 Monaten. Noch längere Intervalle wiederum halte ich nur für sinnvoll, wenn sich Klient und Therapeut schon gut kennen, so daß auch ein so weiter Brückenschlag möglich ist, ohne die Vertrautheit zu verlieren. Kürzere sind eigentlich nie sinnvoll – außer bei den angesprochenen akuten Krisen –, um dem Patienten die Unabhängigkeit vom Therapeuten zu ermöglichen. Dies gilt auch für die Abhängigkeit von kinesiologischer Behandlung!
Wie sich die Wege im einzelnen gestalten, hängt ebenso wie in anderen Therapien von dem Anspruch und der Entwicklung des Patienten ab. Die Aufgabe als Therapeut ist es, einen Patienten zu begleiten, ihm Straßenkarte als Orientierungshilfe zu sein, ihm die Hand zu reichen, um über Hürden zu springen, aber nicht, ihm einen Weg vorzuschreiben, indem er Entscheidungen abnimmt oder Handlungsweisen vorgibt. So suchen die einen Hilfe für einen aktuellen Konflikt, die anderen den Sinn ihres Lebens, jedem gilt es gerecht zu werden.

Grundregeln

Es gibt kein Schema für den Einsatz der psychologischen Kinesiologie und den Umgang mit ihr. Aber es gibt Gerüste, die dank ihrer Struktur helfen, sich im Lebensgewirr zu orientieren, den roten Faden zu behalten, oder auch, um nicht eigene ungelöste Themen auf den Patienten zu projizieren. Dabei empfehlen sich einige Grundregeln, die ich hier noch einmal zusammenfasse:

- Kein Dirigismus, tasten (testen) Sie sich mit Ihrem Können und Wis-

sen an das Problem des Patienten heran und lassen Sie sich vom Test führen.
- Richten Sie sich in Ihren Handlungen nach den Empfehlungen des Tests, das heißt, stellen Sie während des Tests wiederholt die Frage, ob der verfolgte Weg der richtige ist und ob das Unterbewußtsein zu weiterer Zusammenarbeit bereit ist.
- Achten Sie auf sauberes Testen mit klaren Vorgaben, z. B., ob Sie einen Stressor suchen oder eine Aussage mit „Lügendetektor" überprüfen.
- Machen Sie niemals Entscheidungen vom Test *abhängig,* der Test ist Berater, kein Denkersatz!
- Ziel ist die Autonomie und Unabhängigkeit des Patienten (auch vom Therapeuten), deshalb geht es den Therapeuten nichts an, *wie* sich der Patient in seinem Konflikt entscheidet, sondern nur, daß er entscheidungsfähig wird.
- Test und Streß-Release sind Hilfsmittel, die Therapie findet im Verhältnis von Patient und Therapeut statt, nicht in der Methode. Das einfühlsame Gespräch, das Nachspüren, Hineindenken und Mitgehen haben Vorrang, nicht die Kinesiologie!

Eigentlich war's das. Sie wissen jetzt alles, was Sie technisch für die Arbeit mit der psychologischen Kinesiologie brauchen: Sie testen Stressoren anhand von Listen, halten die Hand auf die Stirnbeinhöcker, und schon ist die Sache erledigt.

Warum jetzt noch etliche weitere Seiten zu diesem Thema?
Ein Kübel Mörtel macht aus mir keinen Maurer, Kerbel und Basilikum in der Küche keinen Bocuse oder Witzigmann, ein Haufen Stressoren keinen guten Therapeuten. Und der spielt schließlich keine unwesentliche Rolle.

Der ideale Therapeut

Ein guter Therapeut ohne Kinesiologie ist allemal besser als ein schlechter Therapeut mit Kinesiologie. (Ein guter Therapeut mit Kinesiologie ist ein Geschenk für jeden Patienten!)
Und viele Eigenschaften müssen sich in einem guten Therapeuten vereinigen. Zuoberst steht die *Achtung vor dem Patienten*, sie ist Grundbedingung schlechthin. *Einfühlungsvermögen* und *Mitgefühl* (nicht Mit-

leid) ermöglichen ihm, Prozesse des Klienten zu verstärken, *Vertrauenswürdigkeit* hilft dem Ratsuchenden, sich zu öffnen. *Geduld* und *Takt* sind Eigenschaften, die sich folgerichtig aus den vorgenannten Qualitäten ergeben.
Letztendlich lassen sich alle diese Eigenschaften zusammenfassen unter dem Begriff der *Liebe*, die sich in Freude an der gemeinsamen Arbeit ausdrückt und dem Wunsch, dem Hilfesuchenden uneigennützig seine Fähigkeiten zur Verfügung zu stellen.
Wenn diese Form des Umgangs gepaart ist mit *Wissen* und *Erfahrung* sowie der Bereitschaft, ständig auch an der eigenen Persönlichkeit zu arbeiten, so kann ein Patient dankbar sein, einem solchen Begleiter zu begegnen.
Wer in dieser Weise in sich ruht, wer sich derart einbringen kann in eine Arbeit, dem steht nicht nur das Potential der Routine zur Verfügung, sondern der öffnet auch die Türen zur *Intuition*, die aus den vielfältigen individuellen Fähigkeiten ein Ganzes macht.
Dabei ist das mit der Intuition eine heikle Geschichte. Viele berufen sich auf sie und meinen damit letztlich nur Projektionen, die sie ihrem Gegenüber überstülpen.
Intuition ist eine kostbare Gabe, die jedoch wie eine Seifenblase ist, die zerbricht, wenn wir versuchen, sie zu packen oder mit ihr zu jonglieren. Andererseits spiegelt sich an der Oberfläche dieser Seifenblase in schillernden Farben eine umfassende Wirklichkeit. Wir können Intuition wahrnehmen, zulassen – aber nicht manipulieren.

> Intuition beschleunigt Prozesse, die rein rational zäh und mühsam wären. Sie macht es möglich, einen Menschen oder seine Situation ohne Worte zu erfassen. Sie ist nicht gebunden an Erfahrung (manchmal widerspricht sie dieser sogar), aber sie kann durch Wissen und Lernbereitschaft erheblich verstärkt werden.

Mir hilft die Intuition heute in allen Bereichen meiner Arbeit, aber ich habe auch erst durch die Kinesiologie allmählich gelernt, sie wahrzunehmen, habe sie durch den Test immer wieder bestätigt gefunden bzw. Korrekturen erfahren, wenn ich zwar meinte, meine Intuition spricht, wo sich nur eine projizierte eigene Meinung meldete.
Eine orientalische Geschichte beschreibt den idealen Therapeuten:
Ein reicher Kameltreiber stirbt. In seinem Testament hat er seine 17 Kamele den drei Söhnen vererbt, dem ältesten die Hälfte, dem mittleren ein Drittel, dem jüngsten ein Neuntel, keines darf verkauft oder geschlach-

tet werden. Die Söhne beratschlagen und streiten, raufen sich die Haare und schimpfen – sie finden keine Lösung.
Ein Wesir, der durch die Wüste reitet, gesellt sich zu den Dreien. Er hört ihren Kummer und bietet seine Hilfe an. Er stellt sein Kamel zu den 17 anderen, dann läßt er die Brüder teilen: Der älteste Sohn erhält 9 Kamele (die Hälfte von 18), der zweite 6 Kamele (ein Drittel), der jüngste zwei (ein Neuntel). Der Weise nimmt sein übriggebliebenes Kamel und reitet davon.
Ein guter Therapeut sei das 18. Kamel!

Typische Muster verstehen lernen

Mit dem Streß-Release öffnen wir Türen zu neuen Entwicklungen, überwinden wir Hindernisse, die das Potential des Lebens bislang verstellt hatten. Bevor wir im Schlußkapitel den Blick nach vorn wenden auf die Chancen und den Sinn dieser Arbeit, möchte ich zurückschauen auf die typischen Hürden unserer Vergangenheit. Diese wesentlichen Phasen der Prägung zu verstehen, erleichtert die Orientierung. Denn die Vielfalt verschiedener Lebensgeschichten und individueller Ausdrucksformen kristallisiert aus einer Handvoll elementarer Grunderfahrungen – ähnlich wie mit dem Code von nur 4 Aminosäuren in der DNS die riesige Palette verschiedenster Lebensformen gestaltet wird.

Zu wissen, daß die Grundmuster einfach sind, schließt also nicht die Entwicklung komplexer Erscheinungen aus. Wem die Technik vertrauter ist als die Biologie: Das Grundmuster eines Computerprogramms besteht nur aus 1 und 0, die darauf basierenden Programme sind Myriaden!

Egal, ob Flugangst, Angst vor Kritik, vor Verletzungen, vor Prüfungen, vor Partnerverlust, vor dem Leben oder vor dem Sterben: Sie alle lassen sich auf Archetypisches zurückführen, nämlich auf einige Grundbedürfnisse und deren Umsetzung in wichtigen Prägungsphasen unseres Lebens.

> Also ist es sinnvoll, sich ein paar Gedanken über die ersten Lebensjahre zu machen, wenn wir erwachsenen Menschen helfen wollen.

Kaum einem Patienten ist bei einer Konsultation bewußt, daß sich die Fäden seiner heutigen Probleme bis in die Kindheit zurückverfolgen lassen und daß dies sogar nötig ist, um ein Problem ein für allemal abzulegen. Wenn es gelingt, eine Störung an ihrer Wurzel zu beheben, dann lassen sich auch tiefgreifende Traumatisierungen wie sexueller Miß-

brauch und schwere Mißhandlungen überwinden und von heutigem Erleben trennen.
Fraglos gehört die Behandlung derartiger Traumata in die Hände kompetenter Fachleute, deren Ausbildung es erlaubt, auch komplexere Zusammenhänge zu überschauen und zum Beispiel bei Gefährdung eventuelle schulmedizinische Akuthilfe wie Krankenhauseinweisung oder medikamentöse Begleitung zu veranlassen.
Aber eine Fülle von Ängsten, Konflikten und Gefühlszuständen – wie auch deren Verdrängung ins Organische – ist auf einfachere „Programmfehler" zurückzuführen, deren Korrektur gesunden Menschenverstand, gewisse Grundkenntnisse der Psychologie und Einfühlungsvermögen voraussetzen, aber keine hochspezialisierte Ausbildung. Jeder einfühlsame Hausarzt, jede gute Freundin, jede verständnisvolle Mutter, jede seriöse Selbsthilfeorganisation beweist dies.
Um diese grundsätzlichen „Programmfehler" besser verstehen zu lernen, lohnt sich ein Blick auf die psychische Entwicklung des Menschen in seinen einzelnen Lebensabschnitten.

Kindheitsprägungen

Von der Geburt an (und letztlich schon während der Schwangerschaft) durchlaufen wir als Mensch verschiedene Stufen der Abhängigkeit und Phasen der psychischen Prägung.
Es beginnt mit einer absoluten Abhängigkeit, in der das Kind ohne die Fürsorge und Liebe der Eltern, besonders der Mutter, überhaupt nicht lebensfähig ist. Es bleibt auch nach der Geburt weiterhin zunächst eine Einheit mit der Mutter.
Etwa im 2. / 3. Lebensjahr relativiert sich die Abhängigkeit, das Kind entdeckt immer mehr seine eigene Identität, beginnt eigene Wünsche zu äußern und eigene Veranlagungen und Begabungen zu zeigen, es tritt in bewußte Interaktion mit seiner Umwelt.
Mit etwa 4 Jahren findet der erste Lösungsprozeß von den Eltern statt, sie sind nicht mehr die einzigen Bezugspersonen, es werden auch Kontakte zu Fremden (Kindergarten, Freunde) zugelassen.
Mit Beginn des Schulalters wird das Kind „sozialisiert" und in die jeweilige Gesellschaft und deren Institutionen eingepaßt (oder auch nicht).
Damit ist der wesentliche Teil unserer psychischen Persönlichkeitsprägung abgeschlossen, die Stempel sind geprägt und werden jedem Tag und jeder Lebenssituation aufgedrückt. Alles, was noch dazugelernt wird,

wird schon mit der Brille betrachtet, die uns die Kindheit aufgesetzt hat. Üblicherweise verstärken sich die Muster durch Wiederholung und Bestätigung, seltener schwächen sie sich ab, weil eine Situation sich ändert.

> Je früher eine Erfahrung Spuren in die Psyche gräbt, desto tiefer geht deren Auswirkung. Je später die Einflüsse wirksam werden, desto eher können sie kompensiert werden, desto leichter sind sie auch später korrigierbar.

Denken Sie an einen Baum: Wenn Sie in einen Setzling eine 1 cm tiefe Kerbe schlagen, wird er verkümmern. In einem jungen Baum wird dieselbe Kerbe eine große Narbe hinterlassen, bei einem ausgewachsenen Baum bleibt sie örtlich begrenzt.
Der Baum unserer Persönlichkeitsentwicktung ist ebenso verletzlich, und es gibt typische sensible Phasen, in denen die Art der Prägung ausschlaggebend ist für den gesamten weiteren Wuchs, so daß wir jeweiligen Altersstufen charakteristische Traumata und Erlebensweisen zuordnen können.

Vorgeburtliche Entwicklung

Wurde noch Anfang dieses Jahrhunderts behauptet, Neugeborene könnten keine Schmerzen empfinden (die Folge waren Operationen ohne Narkose), so hat sich inzwischen die Erkenntnis durchgesetzt, daß die psychische Entwicklung, die ja ein Fühlen und Wahrnehmen voraussetzt, bereits lange vor der Geburt beginnt.
Es liegen immer mehr wissenschaftliche Nachweise darüber vor, daß das werdende Kind im Mutterleib sehr wohl Gefühle hat und durch diese geprägt wird. Das ist auch logisch. Die Sinne des Fötus entwickeln sich bereits in den ersten Schwangerschaftsmonaten, und was Sinne aufnehmen, muß verarbeitet werden, sonst wäre diese Veranlagung unsinnig.
Außerdem besteht physiologisch gesehen eine permanente Kommunikation mit den Gefühlen der Mutter allein schon über Hormone, die die Plazenta passieren können. Hierdurch werden dem Fötus zum Beispiel Streßreaktionen der Mutter mitgeteilt, ohne daß er diese in irgendeiner Weise verstehen und verarbeiten kann.
Etliche Untersuchungen über die pränatale Lebensphase belegen die

Reaktion des Ungeborenen auf Empfindungen und Emotionen der Mutter. Also wäre es eher unvorstellbar, daß ein Kind zu dieser Zeit noch *nicht* psychisch reagiert.
Mit dem Muskeltest finden wir in negativen pränatalen Erfahrungen immer wieder den Ursprung diffuser Ängste. Diese Ängste äußern sich selten konkret, scheinen irrational oder sind gar nicht verbalisierbar. Oft läßt sich zurückverfolgen, daß in diesen Fällen die Mütter in der Schwangerschaft selbst unter erheblichen Ängsten, auch sehr konkreten, gelitten haben, sei es durch wirtschaftliche Not, Krieg, Partnerprobleme, Konflikte über die Schwangerschaft an sich und vieles andere.
Beim Ungeborenen kommt nur die Empfindung „Angst" an, die nicht greifbar ist. Wenn sich Konflikte oder eine Ablehnung des Kindes auch nach der Geburt fortsetzen, werden sich die Prägungen gegenseitig noch potenzieren, und die nebulöse Angst bekommt Verstärkung durch konkrete (siehe „Neugeborenenphase").
Sofern diese Angst keine Nahrung findet nach der Geburt, weil die anfängliche Erfahrung durch eine intensive Hinwendung zu dem Kind kompensiert wird, bleibt oft eine Art dumpfer Ahnung, Angst ohne Namen, die ohne Bearbeitung lebenslang zwar nicht beherrscht, aber begleitet.

Jutta J., Anfang 30, litt von kleinauf unter einem chronischen Ekzem. Nach einer Amalgamausleitung wurde es besser, blieb aber an den Händen unverändert. Die zweite Komponente der Erkrankung war psychischer Natur, sie entschloß sich erst 2 Jahre nach der Ausleitungsbehandlung, auch diesem Punkt nachzugehen. Bei genauer Anamnese gab sie an, daß sie manchmal unter diffusen Angstgefühlen litt, daß sie auch schon mal eine Therapie gemacht hatte, die allerdings nichts geändert hatte.

Der Test führte uns in die 1. Hälfte der Schwangerschaft, besonders in den 3. und 4. Monat. Stressoren waren darüber hinaus: Gefahr, Überleben, Mutter. Der Gedanke an einen Abtreibungsversuch lag nahe, Jutta J. hatte den Wunsch, zunächst mit ihrer Mutter darüber zu sprechen, und ging ohne weitere Bearbeitung nach Hause. Beim nächsten Termin bestätigte sie, daß ihre Mutter in der Schwangerschaft erhebliche Konflikte durchgemacht hatte. Die beiden Geschwister waren gerade zwei und ein Jahr alt, einem weiteren Baby fühlte sie sich nicht gewachsen, zumal die Ehe gerade in einer Krise steckte. Ihr Frauenarzt hatte ihr wegen ihrer schlechten Verfassung einen Schwangerschaftsabbruch nahegelegt. Sie hatte lange innerlich gekämpft und sich dann doch für das Kind ent-

schieden, sie meinte, dann würde das dritte gleichzeitig mit den anderen groß, nach der Geburt wollte sie sich sterilisieren lassen. Gerade diese Tochter wurde dann ihr absoluter Liebling.
Wir machten ein Streß-Release über dieses Thema. Und obwohl ich selbst sehr neugierig war, was wohl daraus werden konnte (allzu häufig war diese Situation bis dahin in meiner Praxis nicht), hörte ich nichts mehr von ihr.
Zwei Jahre später (!) traf ich sie bei einem Einkaufsbummel, ich erkannte sie zunächst nicht, als sie mich ansprach. Sie zeigte mir freudestrahlend ihre Hände und berichtete, daß nach dieser Sitzung innerhalb von wenigen Tagen die Haut abgeheilt war. Auch die Angst war spurlos verschwunden, sie könne sich das gar nicht vorstellen, aber in den beiden Jahren sei sie wie neugeboren. (Auf die Frage, warum sie sich nicht mehr gemeldet hätte, kam die Antwort wie so oft: „Es ging mir ja gut, und dann denkt man gar nicht mehr daran.“)

Geburt

Die Geburt selbst ist sicherlich, nicht nur medizinisch betrachtet, ein recht dramatisches bis traumatisches Ereignis. Verschiedene alternative Therapierichtungen haben sich dem verschrieben (z. B. Rebirthing), und auch aus meiner Arbeit kann ich bestätigen, daß der Eintritt in das Leben eine äußerst sensible Phase ist.
Allerdings kann ich zumindest nach meiner Erfahrung nicht nachvollziehen, daß eine Geburt an sich einen derart traumatisierenden Stellenwert haben soll, an dem sich die ganze weitere Entwicklung festmacht. Warum sollte ein zwar schwieriger und riskanter, aber derart natürlicher Vorgang auch bei unkompliziertem Verlauf schon als negatives Engramm einprogrammiert werden?
Meine These aus unserer psychisch-kinesiologischen Arbeit ist eher, daß ein normaler Geburtsvorgang zwar Streß ist für Mutter und Kind, daß sich bei einem freudig erwarteten Kind daraus aber keine bleibenden Störungen entwickeln.
Ich habe häufig bei sogenannten „sanften“ Entbindungen erlebt, daß die Neugeborenen nicht einmal geschrien haben, sondern äußerst entspannt auf dem Bauch der Mutter ausruhten – sofern man dies als Indiz für Streßfreiheit und Wohlbefinden deuten kann.
Aber in etlichen heute noch entseelt betriebenen Gebäranstalten, ma-

schinell überwacht und infusionsgesteuert, kann selbstverständlich auch eine Geburt zu nachhaltigem Streß führen. Besonders durch widernatürliche Eingriffe, die ihren Auswuchs in der programmierten Geburt fanden. Zu diesen traumatischen Einschnitten scheint besonders die Trennung des Kindes von der Mutter gleich nach der Geburt zu gehören, ebenso wie der Kaiserschnitt (möglicherweise durch die zwangsläufige Trennung von der narkotisierten Mutter).

Christoph W. kam mit 9 Jahren in meine Behandlung. Er litt sehr darunter, daß er alle möglichen Dinge begann, aber es ihm nicht gelang, sie zu Ende zu führen. Ihn überkam dann immer ein Gefühl von Panik, und er ließ das Angefangene unfertig liegen. Als ihm dies auch in der Schule hinderlich wurde, suchten seine Eltern Rat. Der Anfang jedes Diktats war fehlerfrei, gegen Ende wimmelte es nur so von Schreibfehlern!

Der Muskeltest führte die Ursache auf die Geburt zurück (Zeitschiene). Die Mutter erinnerte sich mit Schrecken daran. Sie wurde vom Chefarzt betreut, und als sie Wehen in kurzen Abständen bekam, war er gerade nicht erreichbar. Die Preßwehen setzten ein, und der leitende Arzt gab per Telefon die Anweisung zu einer wehenhemmenden Infusion. Als er einige Stunden später eintraf, sistierten die Wehen. und er ordnete jetzt eine Infusion mit wehenfördernden Medikamenten an. Die weitere Betreuung war mechanistisch und lieblos, die Hebamme traute sich kaum, unbefangen ihre Arbeit zu tun. Schließlich wurde Christoph geboren, die Mutter fühlte sich leer und unglücklich.

Natürlich konnte sich Christoph selbst an seine Geburt nicht erinnern, was für ein Streß-Release auch nicht unbedingte Voraussetzung ist. Da die Mutter sich aber gut in die Situation zurückversetzen konnte, bat ich sie, ihrem Sohn beim ESR eine Hand auf die Nabelregion zu legen und sich selbst noch einmal in die Ereignisse zu vertiefen. (Denjenigen, denen eine Fortleitung von Gedankenschwingungen vertraut ist, sage ich hier nichts Neues, diejenigen, die das merkwürdig finden, brauchen derartige Praktiken allerdings nicht zu übernehmen. Einige Gedanken dazufinden Sie in Band 1: Gesund durch analytische Kinesiologie.)

Nach einigen Minuten öffnete Christoph unaufgefordert die Augen, in dem Moment setzte die Mutter zu einem tiefen Seufzer an, und ich hatte gleichzeitig mit Eigentest festgestellt, daß das Streß-Release beendet war. Ich fragte ihn, warum er die Augen geöffnet hatte, denn ich hatte ihm keine Anweisung vorab dazu gegeben. Seine

Antwort: „Ich hatte einfach das Gefühl, es ist erledigt." Ebenso hatte die Mutter es empfunden.
Einige Monate später hörte ich, daß es ihm gut ging, er packte Aufgaben mutig an und führte sie auch zu Ende!

Die Neugeborenen- und Säuglingszeit

Die völlige Abhängigkeit des Neugeborenen und Säuglings geht einher mit der Entwicklung von *Urvertrauen* ins Leben. Ist jederzeit jemand da, der ihn umsorgt, der Liebe und Geborgenheit vermittelt, lernt er: „Das Leben ist gut zu mir, ich bekomme alles, was ich brauche", er entwickelt Vertrauen.
Werden ihm wiederholt wesentliche Bedürfnisse versagt, wird die Konsequenz lauten: „Man kann nichts und niemandem trauen, ich bin dem Schicksal ausgeliefert, und das ist mein Feind." Dabei ist es nicht nur interessant, sondern geradezu elementar, daß Liebe und Zuwendung wesentlich höher wiegen als Versorgung und Nahrung! Die Beobachtungen von hospitalisierten Kindern, die sicherlich ausreichend zu essen bekamen, sind hier ebenso ein Beweis wie die Versuche von Harlow mit Rhesusäffchen.

Der Biologe Harlow zog neugeborene Rhesusaffen unter verschiedenen Bedingungen auf. Die eine Gruppe kam in einen Käfig mit einer fellüberzogenen Kunstmutter, die zweite wuchs in einem Käfig mit einer Drahtmutter auf. Der Fütterungsmodus war für beide Versuchsgruppen gleich.
Die Äffchen der 1. Gruppe (künstliche Fellmutter) wuchsen zwar auf, waren aber im Vergleich zu Äffchen mit einer lebenden Mutter überdurchschnittlich häufig krank und konnten als erwachsene Affen keinen eigenen Nachwuchs großziehen (die Jungen wurden vernachlässigt oder sogar getötet).
Von den Äffchen der 2. Gruppe kam keines ins vermehrungsfähige Alter.

Es sollte uns in der heutigen Zeit vielleicht nachdenklich stimmen, daß wir in unserer Gesellschaft die Versorgung so hoch halten, die Qualitäten des Gefühlslebens jedoch derart negieren, obwohl sie lebenstragend sind. Wir sehen geringschätzig auf Gefühle herab, nutzen sie andererseits insbesondere im doch so verstandesorientierten Wirtschaftsleben und in der Politik (Werbung, Wahlkampagnen usw.) schamlos aus.
Sollte es etwa so sein, daß ganze Generationen eben Liebe und Gebor-

genheit nicht verinnerlicht haben, weil die mechanistische Versorgung in der frühen Kindheit im Vordergrund stand, möglichst nach der Stoppuhr?
Könnte es sein, daß sogar Phänomene wie die zunehmenden Fertilitätsstörungen der deutschen Bevölkerung auf einem ähnlichen Programm beruhen wie bei den Rhesusäffchen?
Dies sind sicher provokante Gedanken über eine Zeit, in der es an der Tagesordnung war (mit Legitimation durch Ärzte und Erziehungswissenschaftler!), Neugeborene von der Mutter wegzunehmen und ihr in einem rigiden Krankenhausrhythmus zum Füttem zu reichen, Stillen als ungeeignet zu propagieren, Säuglinge schreien zu lassen, „um ihren Willen zu brechen" oder „ihre Lungen zu kräftigen".
Kann eine Generation, in der fast jeder seine ersten Lebensmonate so erlebt hat, heute vertrauensvoll durch das Leben gehen? Können wir erwarten, daß die Erwachsenen dieser Generation wirklich liebesfähig sind, einem Partner, den eigenen Kindern, dem Leben und der Natur, sich selbst gegenüber?
Mangelndes Urvertrauen geht damit einher, sich nicht auf Menschen verlassen zu können, sich emotional nicht mehr zu öffnen aus Angst vor erneuter Verletzung. Dies führt zu Abgrenzung und äußerem Sicherheitsbestreben, oft auch zum Versuch, die eigene Daseinsberechtigung durch überhöhte Leistungsorientierung zu beweisen, zu Machtkämpfen statt zu Kooperation, letztendlich eher zu Krieg als zu Frieden.

> Als individuelle psychische Reaktion sind Psychosen, diffuse Ängste und Suchtverhalten typische Folgen. Anstatt sich auf die Suche nach dem Sinn des Lebens einzulassen, wie es dem Menschen ursprünglich aufgrund seiner geistigen Anlage zu eigen ist, wird diese Sehnsucht über Flucht in die Sucht gelebt.

Und so finden wir in der Begleitung von Patientenwegen natürlich einerseits die individuelle Prägung, den unverwechselbaren persönlichen Weg, zum anderen aber auch den Ausdruck von einem Stück Menschheitsgeschichte, aus dessen Zusammenhang wir das Individuum nicht lösen können.

„Trotzköpfchen"

Das Kleinkind entwickelt seine Unabhängigkeit in langsamen und vor-

sichtigen Schritten. Fühlt es sich etwa bis Ende des 1. Lebensjahrs noch als totale Einheit mit der Mutter, beginnt es im 2. Lebensjahr zu ahnen, daß es eine eigenständige Persönlichkeit ist. Die sogenannte Trotzphase ist eine typische Zeit, in der signalisiert wird: „Ich bin nicht Mama.“ Zu dieser Zeit ist das Kind noch eher „Nicht-Mama“ als „Ich“, die Auflehnung spielt sich deshalb undifferenziert ab.
Es geht um Autorität, der Winzling will demonstrieren: „Ich bin nicht du, und deshalb muß ich auch nicht machen, was du willst!“
Es ist die typische Zeit, wo der Sprößling sich heulend auf dem Boden des Supermarkts wälzt, weil er den Lutscher nicht bekommt, wo in vielen Familien der „Kampf“ um das Töpfchen beginnt.
Diese Phase ist besonders sensibel für alle Prägungen, die mit der Macht von Autoritätspersonen zu tun haben. „Gewinnt“ der Elternteil immer, werden Forderungen notfalls mit Gewalt durchgesetzt, so wird das Kind kapitulieren und später zu unreflektiertem Gehorsam neigen. Wird dem Kind jeder Wunsch erfüllt, jede Grenzüberschreitung nachgesehen, so liegen Rücksichtslosigkeit und Frustrationsintoleranz für sein späteres Leben nahe. Es ist also eine Gratwanderung, hier die angemessenen Grenzen zu setzen, damit das Kind sich gesund im Abwägen zwischen seinen Wünschen und Forderungen des Umfelds entwickeln kann.
Auch hier ist ein Blick auf gesellschaftliche Wechselwirkungen spannend. Könnte es nicht folgerichtig gewesen sein, als mit der zunehmenden Industrialisierung auch die Mütter in den Fabriken arbeiten mußten, daß keine Zeit mehr für die Kinderbetreuung blieb? Ein „trockenes“ Kind war pflegeleichter und sparte Zeit, zusätzlich erforderte vermutlich beengter Wohnraum in den Städten mehr Disziplin im Zusammenleben der Familien.
Dieser zu frühe Zwang zur Kontrolle über die Ausscheidungsfunktionen ist in der Psychoanalyse schon lange als Ursprung von Zwangsverhalten und Autoritätsgläubigkeit erkannt worden, was sogar die Frage aufwerfen könnte, ob dadurch überhaupt erst der Boden für ein Hitlerregime bereitet wurde ...
Auch wenn wir nie herausfinden werden, ob derartige Vermutungen stimmen, entbindet es uns nicht aus eigener Verantwortung. Es nützt nichts, „der Gesellschaft“ die Schuld in die Schuhe zu schieben. Im Gegenteil, es sollte uns um so mehr sensibilisieren, unseren Teil beizutragen zu einer lebenswerteren und humaneren Welt, da „die Gesellschaft“ schließlich aus der Summe aller Individuen besteht.

Das Kleinkindalter

Verstärkt im 3. und 4. Lebensjahr reift dann das Ich des Kindes heran. Es entdeckt seinen persönlichen Willen, nicht mehr als Abgrenzung, sondern als Ausdruck seiner *Individualität*. Es ist gezielt neugierig und wird kreativ im Rahmen des individuellen Potentials. Es tritt in bewußte Kommunikation zu seinen Mitmenschen und sucht Bestätigung seiner Fähigkeiten, ihm reichen nicht mehr Nähe und Wärme, sondern zusätzlich will es als eigenständiges Wesen anerkannt werden.
In dieser Zeit zählt für das Kind, inwieweit es für voll genommen wird, wie die Umwelt auf seine Darstellung reagiert. Findet das Kind jetzt Bestätigung und Anerkennung seiner Individualität, so wird sich ein gesundes Selbstbewußtsein entwickeln können.
Wird es übertrieben hofiert und jeder Pups mit Begeisterung gefeiert, dürfte es unangemessene Gefühle einer Omnipotenz entwickeln und sich später mit der Selbsteinschätzung und Selbstkritik schwer tun.
Wird dagegen sein persönlicher Ausdruck erheblich eingeschränkt, so wird das Selbstwertgefühl nachhaltig leiden. Wer sein (junges) Leben lang hört: „Das kannst du sowieso nicht" oder „das laß mal lieber mich machen", „dafür bist du zu jung / zu klein / zu dumm / zu ungeschickt", wird schwer Vertrauen in eigene Fähigkeiten finden.
In diesem Lebensabschnitt wird das Fundament für das *Selbstvertrauen* gegossen. Die entscheidende Frage ist jetzt: „Darf ich sein wie ich bin?" Es geht nicht mehr um das grundsätzliche Gefühl, im Leben aufgehoben zu sein, sondern darin so aufgehoben zu sein, wie man nun mal ist.
Nach der ursprünglichen Gefährdung der Einheit in den ersten Jahren mit der Erfahrung des Verlassenseins folgt bis Ende des 4. Lebensjahrs die Phase des Zweifels. „Werde ich auch noch geliebt, wenn ich... ?"
Ein typischer Standardsatz für ein Streß-Release über diese Entwicklungsstufe lautet: „Ich werde nur geliebt. wenn ich tu, was die anderen für richtig halten."
An Erfahrungen dieser Art wird sich vermutlich jeder aus seiner persönlichen Geschichte erinnern, und ganz ohne dieses Regulativ der Erziehung wird wohl kaum ein Mensch „gesellschaftsfähig", schließlich kollidieren auch Selbstverwirklichungswünsche schnell mit den Rechten und Bedürfnissen anderer.
Jedoch fressen sich Aussagen wie „Du bist nichts, du hast nichts, du kannst nichts" tief in jede Kinderseele ein, und hier prägt vermutlich – im Vergleich zur 1. Lebensphase – eher die Summe von Einschränkun-

gen, während beim Neugeborenen auch einzelne traumatische Ereignisse nachhaltig wirken können.
Störungen dieser Entwicklungsphase sind in vielfältigen Abstufungen zu finden, sie führen in erster Linie zu Neurosen, sehr oft zu psychosomatischen Erkrankungen. Sie sind dem Bewußtsein eher zugänglich als die Einflüsse des Säuglingsalters und stellen die Hauptklientel der typischen psychotherapeutischen Praxis.

Schulzeit und Adoleszenz

Eigentlich ist das Lebensmuster, die Brille, mit der wir das Leben und uns selbst betrachten, mit 4–5 Jahren fertig. Das heißt nicht, daß spätere Ereignisse spurlos an uns vorübergehen, nur sind sie bei fortschreitender Reife immer weniger in der Lage, das grundsätzliche Lebenskonzept und Lebensgefühl zu formen.
Natürlich wird auch noch im Schulalter, letztlich, wenn wir wollen, bis an das Lebensende gelernt und geprägt. Doch wie eben beim jungen Baum eine Kerbe den gesamten Wuchs verändert und beim alten nur eine Narbe hinterläßt, so wird auch das spätere Leben „Kratzer" verursachen können, die allerdings nur selten wirklich an die Substanz gehen, wenn Urvertrauen und Selbstbewußtsein als Fundament vorhanden sind.
Selbst derart dramatische Übergriffe auf Körper und Psyche wie Krieg und Folterungen werden noch abhängig von der inneren Struktur des Menschen verarbeitet, es gibt Überlebende aus Konzentrationslagern, die haben die unsäglichen Qualen auch psychisch überwunden, andere sind an ihnen zerbrochen (schließlich kann man ja auch einen erwachsenen, gesunden Baum fällen).

Vorbilder

Die Übergänge der Erfahrungsmuster von einer Altersstufe zur nächsten sind natürlicherweise fließend, und doch hat jedes Alter seine typischen Prägungen. So wird für die Kinder mit dem Schulalter die Orientierung am Vorbild immer wichtiger, zu dem Eltern, Lehrer, Gesellschaft, Freundeskreis, Sozialgefüge, Tradition, Kultur, Religion und vieles andere sehr komplex beitragen.
Das Kind beobachtet und imitiert sein Umfeld, orientiert sich an Beispielen, wird ungewollt mit Gruppen konfrontiert und entscheidet sich freiwillig, sich in selbstgewählte Gruppen einzuordnen.

Die Lernsätze dieser Zeit beginnen üblicherweise mit „man". Was man macht und wie man das sieht und was man so denkt oder anzieht oder lieber nicht laut sagt.
Es sind all die von außen herangetragenen *Regeln*, auch moralischer und ethischer Natur, die vorgelebt oder als Gesetz vermittelt werden und die auch als erste aller Verhaltensmuster durchschaut und abgelegt werden können. Gerade bei Regeln kommt es ja darauf an, ob wir ihnen automatisch und sinnlos folgen, oder ob diese Regeln zur Gestaltung einer Gemeinschaft nützlich und notwendig sind.
Wer die Regel ignoriert, an einer roten Ampel zu halten, wird andere Konsequenzen zu tragen haben als derjenige, der beim Essen das Messer in die linke und die Gabel in die rechte Hand nimmt.
Wenn wir uns angewöhnen, Regeln und Routinehandlungen auf ihren Sinn zu durchleuchten, so können wir aussortieren und eine Menge Ballast abwerfen. andererseits aber all die Gewohnheiten bewußt beibehalten, die uns hilfreich sind.
Jeder muß selbst entscheiden, welche Grundsätze gut oder hinderlich für ihn sind. Derartige Prägungen liegen oberflächlich und können direkt erkannt werden, um sie zu korrigieren bzw. abzulegen.
Da es sich um automatisch verinnerlichte Leitlinien handelt, die aber nicht durch Konflikt oder Trauma diktiert wurden, ist üblicherweise auch kein Streß-Release erforderlich, um sich neu zu orientieren, sondern die Einsicht und die willentliche Entscheidung machen sofort den Weg frei.

> *In meiner Zeit als Landärztin hatte ich rund um die Uhr Anwesenheitspflicht. Der freie Mittwoch nachmittag war mir geradezu heilig, alles Private mußte dann stattfinden, Fortbildungen, Unternehmungen mit den Kindern, Einkäufe. Als ich meine Praxis abgegeben hatte, um mich nur noch der ganzheitlichen Medizin zuzuwenden, war ich nicht mehr in den Rund-um-die-Uhr-Dienst eingebunden. Es dauerte ein ganzes Jahr (!), bis ich merkte, daß ich immer noch mittwochs einkaufen ging und private Termine auf diesen Tag legte! Logischerweise reichte die Erkenntnis aus, um meine Termine flexibler zu vereinbaren, sowohl für Behandlungen wie auch für Persönliches.*

Versuch und Irrtum

Ein weiteres Lernfeld ist das Spiel von Versuch und Irrtum, das heißt, das Schulkind beginnt, immer mehr Erfahrungen mit der Umsetzung eigener Ideen zu machen.

Ich betrachte dies allerdings eher schon als aktiven Lernprozeß und nicht so sehr als Prägung, aber auch da gibt es fließende Übergänge (der Versuch, wie oft ich einen Lehrer zur Weißglut treiben kann, ohne von der Schule zu fliegen, „prägt" sicher noch das Bild von der eigenen Macht). Denn Prägung im eigentlichen Sinn erfolgt im Unterbewußten, während „bewußte Prägung" einem Lernprozeß entspricht.

Pubertät und Jugendzeit

Obwohl diese Jahre meist unter dem Etikett von Krisen und Selbstzweifeln stehen, obwohl viele junge Menschen in dieser Zeit leiden und ihr Leben oft als dramatisch empfinden, ist hier die Zeit der sogenannten „Prägung" schon abgeschlossen. Wenn überhaupt, finden sie nur noch oberflächlich statt.
Was bereits aus frühen Jahren tief verankert ist als Selbstbewußtsein und Selbstvertrauen, bestimmt über die Form innerer Verarbeitung dieser jugendlichen Sozialisierungsprozesse. Das heißt, ob ein junger Mensch sich dem Druck der Clique beugt und sich zu Handlungen überreden läßt, die nicht mit dem eigenen Gewissen übereinstimmen, und ob er unbeschadet auch aus solchen Erfahrungen hervorgeht, liegt selten in der Macht einer Gruppe, sondern in dem Muster, in dem der junge Mensch sich und die Welt erlebt.
Die Auflehnung gegen die Regeln von Gesellschaft und Elternhaus entsprechen der Natur der Entwicklung. Es ist eine Zeit der notwendigen Ablösung von Vorgegebenem, allerdings meist noch ohne etwas Konstruktives entgegensetzen zu können.
Insofern ähnelt die Rebellion, die hier stattfindet, eher der Abgrenzung des Zweijährigen, es geht erst einmal um die Feststellung, was man *nicht* mehr will. Dies geschieht kollektiv im Schutz von Gleichgesinnten, denn kaum ein Jugendlicher geht den Weg aus individueller Überzeugung allein, sondern schließt sich Gruppen an, in denen er sich mehr oder weniger aufgehoben fühlt.
Er wiederholt zusammen mit der Gruppe noch einmal: „Ich bin nicht meine Eltern, ich bin nicht diese Gesellschaft, und ich will auch nicht so sein wie sie." Diese pauschale Rückweisung von Bestehendem ist ein notwendiger Schritt, um Platz zu machen für wirklich eigenes Urteilsvermögen und individuelle Entwicklung. Inwieweit dieses Urteilsvermögen sich von den Wegbereitern und Propagandisten der neuen Gene-

ration lösen kann und wirklich authentisch wird, hängt wiederum ab von dem Fundament der frühen Kindheitsjahre.

Grundbedürfnisse

Aus den prägenden Phasen und deren typischen Traumatisierungen und Lebensmustern können wir auf die wesentlichen Grundbedürfnisse des Menschen schließen, die erfüllt werden müssen, um ihn psychisch gesund wachsen zu lassen.
Logischerweise denken wir bei Grundbedürfnissen als erstes an Essen, Trinken, Schlafen, Sexualität. Niemand wird bestreiten, daß dieses elementare Bedürfnisse sind, zumindest ohne Essen, Trinken und Schlaf würden wir keine Woche überleben können. Auf Sexualität kann ein Mensch persönlich zwar verzichten, die Menschheit als Ganzes würde allerdings ebenfalls nicht lange überleben.

Emotionale Wärme

Subtiler ist die Frage nach emotionalen und psychisch-geistigen Bedürfnissen. Man stirbt nicht unmittelbar, wenn man gekränkt wird, unerfüllter Hunger nach Liebe und Zuwendung hinterläßt weniger direkte Spuren als Hunger nach Brot. Und trotzdem scheint dieser Hunger nach Nähe, Geborgenheit, Vertrautheit dem Menschen immanent und lebensnotwendig zu sein. (Und nicht nur dem Menschen, wie die Harlow-Äffchen beweisen.)
Die absolute Entbehrung dieser Qualitäten mündet erkennbar in schwerste Verhaltensstörungen und Krankheit, wie z. B. bei verwahrlosten und hospitalisierten Kindern.
Liebe scheint also das erste Grundnahrungsmittel der Psyche zu sein, der völlige Mangel ist tödlich. Mehr Menschen leiden heute mit vollem Bauch unter seelischer Vereinsamung als zum Beispiel in Zeiten harter körperlicher Entbehrung, aber gleichzeitiger Solidarität der Lebensgemeinschaft.
Auch *relativer Mangel* an emotionaler Wärme wird Spuren hinterlassen, aber so wie im körperlichen Bereich Fehlernährung zu differenzierteren Organschäden führt, wird sich eine emotionale Fehlernährung gleichfalls in den unterschiedlichsten Formen äußern und nicht im direkten psychischen „Verhungern“ enden, was es wiederum schwieriger macht, diese Zusammenhänge zu durchschauen.

Selbstentfaltung

Allein das Grundverlangen nach Nestwäme und Geborgenheit scheint aber auf Dauer nicht auszureichen, wie all jene zeigen, die „vor lauter Liebe“ in einen goldenen Käfig gesperrt werden.
Ein weiteres elementares Bedürfnis entwickelt sich mit zunehmendem Alter, nämlich das des Selbstausdrucks, der Selbständigkeit. Wer in das Nest behütender Watte gepackt wird, droht möglicherweise zu erstikken, wer nur getragen wird, dem könnten die Beine verkümmern. Also braucht der Mensch über die Geborgenheit hinaus die Chance, sein eigenes Potential zu entdecken und zu entwickeln, um wirklich gesund zu sein.
Auch dieses ist offensichtlich für den Menschen ein Grundbedürfnis, das er andererseits nur auf dem Fundament erfahrener Liebe ausleben kann. Es äußert sich in der Bestätigung des Individuums, so sein zu dürfen, wie es ist, und mit genau diesen Eigenarten in der Gemeinschaft willkommen zu sein.
Wenn diese Bedingungen erfüllt sind, steht einer gesunden Psyche im wesentlichen nichts mehr im Wege. Ängste, Süchte, Neurosen, psychosomatische Krankheiten und vieles mehr wurzeln letztendlich vom Ursprung her in einem Versagen dieser grundlegenden Bedürfnisse.
Und damit bin ich, trotz der vielschichtigen individuellen Prägungen, wieder beim Einfachen, das allen vielfältigen und scheinbar unzähligen Mustern zugrunde liegt.

Komplexität

Die Lebenssituation eines Menschen läßt sich nur sehr selten in ein einzelnes Muster passen und in die Prägung einer einzigen Lebensphase einordnen.
Die Highlights, bei denen ein Einzelereignis, eine isolierte Erfahrung eine konkrete Irritation hervorgebracht hat, bleiben die Ausnahme. Üblich ist, daß eine Arbeit an sich selbst nie endet, ausnahmslos jeder ist damit konfrontiert, wenn auch lange nicht für jeden und in jeder Lebenssituation eine Therapie erforderlich ist, wobei eine ganze Kette von Highlights nicht ausgeschlossen ist!
Und nicht nur die Komplexität aller psychischen Wirrnisse bedarf bewußter Bearbeitung, schon allein ein einzelnes Thema kann in vielen Phasen geprägt und verstärkt worden sein.

Zwei wesentliche Bereiche, in denen meist alle Prägungsphasen auffallend zusammenwirken, sind z. B. Eßverhalten und Sexualität.

Eßverhalten

Essen ist natürlich einerseits ein lebenserhaltendes (körperliches) Bedürfnis, aber unsere Beziehung dazu geht weit über die notwendige Nahrungsaufnahme hinaus. Die Einstellung zum Essen hängt kaum von dessen Vitamingehalt ab, sondern von der Nähe zu Gefühlen („Liebe geht durch den Magen"), vom kulturellen Umgang mit Speisen, von vielerlei Bedingungen und Vorbildern.
Schon als Neugeborene erfahren wir erstmals, ob wir selbst bestimmen dürfen, wann wir Hunger haben und wieviel Hunger wir haben, ob Füttern statt Liebkosen angesagt ist, ob wir genießen dürfen oder „abgefertigt" werden.
Später zwingen Sprüche wie „Ein liebes Kind ißt seinen Teller leer" – „Was auf den Tisch kommt, wird gegessen" usw. dem Kind auf, so zu essen (zu sein), wie die anderen es für richtig halten.
Und damit ist die Prägung längst nicht beendet, es ist zum Beispiel erstaunlich, wie lange die Erfahrung der Kriegs- und Nachkriegszeit noch heute nachhallt, die in den fünfziger Jahren einen verständlichen Nachholbedarf ausgelöst hat, der bis heute nicht beendet scheint. Welches Paradox: Essen ist „in" und Schlanksein ebenfalls! – Und so stoßen wir bei der Arbeit an einer Eßverhaltensstörung in der Regel auf Prägungen aus allen Lebensabschnitten, bis heute, wo wir uns von der Werbung vorschreiben lassen, welche Margarine uns zu einer guten Mutter macht.

Sexualität

Auch die Sexualität wird nicht weniger komplex geprägt, sie unterliegt wohl noch mehr als das Eßverhalten dem Wechselspiel von Gefühlen und Emotionen. Schon die Neugeborenenzeit legt das Fundament für eine spätere sexuelle Erfüllung mit der Basis des Urvertrauens, denn nur so ist es möglich, sich von der Kontrolle zu lösen und fallen zu lassen, sich vertrauensvoll in Tiefen und Höhenflüge der Sexualität einzulassen.
Später erfährt das Kleinkind im Umgang mit Nacktheit und Körperlichkeit die Reaktionen und Verhaltensweisen der Umwelt. Werden sexuelle Erkundungen toleriert, sanktioniert oder verschämt übersehen?
Zudem bekommt es durch den Umgang der Eltern miteinander einen

Eindruck (oder auch keinen) über die Sexualität, und im weiteren Lauf seiner Entwicklung tragen biologische, kulturelle, religiöse und gesellschaftliche Einflüsse dazu bei, wie Sexualität gewünscht, erlaubt, vorgestellt und erlebt wird.
Hinzu kommen alle weiteren persönlichen Erfahrungen, die sich in diesem sensiblen Lebensbereich natürlich besonders stark auswirken.
All diese Aspekte gilt es aufzudröseln, wenn das Thema an einen Therapeuten herangetragen wird, abgesehen davon, daß ein gestörtes Sexualerleben oft nur das Symptom einer tieferliegenden Partnerschaftsproblematik oder Persönlichkeitskrise, unter Umständen auch Folge einer chronischen Erkrankung ist.

Es versteht sich von selbst, daß ich Ihnen hier keine Arbeitsanleitung für Sexualstörungen oder für Eßprobleme vorlege. Das widerspräche auch meiner Überzeugung, daß Störungen im Eßverhalten oder im sexuellen Erleben sehr individuelle Ausdrucksformen innerer Prozesse sind, sie sind letztlich auch nur ein Symptom und nicht die Störung an sich.
Wenn man sich entschieden hat, Ursachen auf den Grund zu gehen und sie weitestgehend dort zu beheben, dann werden symptomorientierte Behandlungen nur in den wenigsten Fällen vorkommen.
Dann ist es letztlich völlig egal, welche Problematik ein Mensch mitbringt: Sobald er zu einer unabhängigen, selbstbejahenden Persönlichkeit heranreift, wird er sich in jedem Lebensbereich – also auch in Eßgewohnheiten und in der Sexualität – autonom und liebevoll sich selbst und anderen gegenüber verhalten können.
Erst diese Autonomie erlaubt es, eine Vielfalt von individuellen Umgangsformen mit diesen beiden Lebensbereichen zuzulassen. Die Normen, denen wir uns unterwerfen, sind willkürlich und kulturabhängig, sie werden weder biologischen Gegebenheiten noch einem persönlichen Naturell gerecht. „Rund und gesund" ist nicht weniger erstrebenswert als sportlich-dynamisch-drahtig.
In der Sexualität dürfte ebenfalls nur das normal sein, was dem wirklichen inneren Bedürfnis eines Menschen entspricht, von 2 x im Leben bis 2 x täglich... Eine therapeutische Begleitung soll helfen, den Bezug zu diesem inneren Bedürfnis wiederherzustellen und das Selbstbewußtsein zu stärken, um genau diese Veranlagung stimmig leben zu können. Dann bleibt es jedem überlassen, ob er sich konfliktfrei zu Enthaltsamkeit entscheidet, ob Sexualität als Abfuhr körperlicher Spannung praktiziert, erotisch zelebriert oder tantrisch kultiviert wird.
Diese Komplexität, die natürlich auch andere Lebensbereiche umfassen

kann, aber in bezug auf Eßverhalten und Sexualität besonders deutlich wird, mag den Anschein erwecken, daß die versprochene Einfachheit eben doch nicht so einfach ist.
Wenn Sie aber die Grundbedürfnisse nach Liebe und Selbstverwirklichung als zentralen Kern berücksichtigen, wenn Sie die verschiedenen Erscheinungsformen eines Problems mit dem Muskeltest in die einzelnen Prägungsphasen verfolgen, werden Sie auch scheinbar unbezwingbare Berge Schritt für Schritt mit Ihrem Klienten überwinden, und jeder dieser Schritte ist von seinem Prinzip her wiederum einfach (wenn auch nicht immer leicht!).

Ichstärke

Es ist nicht zu leugnen, daß traumatische Erfahrungen von verschiedenen Menschen sehr unterschiedlich verarbeitet werden. Ich kenne Menschen, die sehr schwere Verletzungen in ihrer Kindheit erlebten und zu warmherzigen, lebensbejahenden Erwachsenen wurden, ich sehe ebenso Menschen, die schon durch weniger traumatische Erfahrungen entmutigt und verängstigt wurden. Offensichtlich gibt es eine Kraft im Menschen, die seine Fähigkeit zur Verarbeitung psychischer Erlebnisse bestimmt, die man „Ichstärke" nennen könnte.

Ein Freund unserer Familie – Patient ist er bislang in seinem Leben noch nie gewesen – verlor ein Riesenvermögen bis zum letzten Pfennig. Heute muß er hart für seinen Lebensunterhalt arbeiten, während ihm zuvor alles nur so zuflog und er in Luxus schwelgte. Bislang habe ich ihn nie hadernd oder unzufrieden erlebt, immer überwog auch in schweren Zeiten seine Vitalität und Lebensfreude. – Ein anderer Bekannter, allzeit gut situiert, hat vor 20 Jahren einen Lottoschein nicht abgegeben, auf dem er 6 Richtige getippt hatte. Er hat es bis heute nicht verwunden.

Ob wir diese „Ichstärke" dem genetischen Programm zuschreiben oder ob wir dahinter geistige Prinzipien vermuten, bleibt jedem überlassen, die Antwort wird wohl jeder durch seine eigene Brille sehen. *Daß* es aber Unterschiede in der Verarbeitung, in der Prägbarkeit, im Umgang mit psychischem Erleben gibt, ist sicher unbestritten. Und so zählt das Holz, aus dem wir gewachsen sind, ebenso wie die Werkzeuge, die an ihm schnitzen.
Bis wir das Erwachsenenalter erreicht haben, sind uns unendlich viele Schleifsteine und Feilen begegnet, die unsere Persönlichkeit und deren

Ausdruck mitgeformt haben. Jede der Prägungsphasen hat ihre Schwerpunkte, und aus keiner dieser Phasen kommen wir unbearbeitet heraus.

Was den erwachsenen Menschen ausmacht, ist die Summe von Erfahrungen auf der Basis der mitgebrachten persönlichen Veranlagung.

Ichstärke ist dabei nicht identisch mit Intelligenz, zumindest nicht im Sinne unseres intellektuellen Verständnisses. Wenn wir Intelligenz als das verstehen, was uns lebens- und überlebensfähig macht, was uns ermöglicht, flexibel mit den Bedingungen des Lebens umzugehen, dann könnten Ichstärke und Intelligenz weitgehend korrelieren.

Ichstärke in der Kindheit bedeutet, (unbewußt) Wege zu finden, einem Trauma auszuweichen, kompensierende Fähigkeiten zu entwickeln. Ichstärke im reiferen Alter bedeutet nicht, wie gut jemand traumatische Erfahrungen ignoriert oder verdrängt, sondern wie offen er sich ihnen stellt.

Sie mißt sich nicht an ausladenden Ellenbogen, sondern an der Fähigkeit zur Introspektion. Sie äußert sich nicht in dem Getöse, das man über das unfaire Schicksal anstimmt, sondern in der Bereitschaft, für die Gestaltung des eigenen Lebenswegs die Verantwortung zu übernehmen.
Sie drückt sich aus in der bewußten Entscheidung, für das eigene Leben ohne Schaden anderer einzutreten, sie zeigt sich in der Fähigkeit, aus Schicksalsschlägen zu lernen und zu wachsen
Die Ichstärke bestimmt – neben der Tiefe traumatischer Erfahrungen – auch die Art und die Intensität therapeutischer Begleitung. Ein ichstarker Mensch benötigt vielleicht trotz schwerer psychischer Verletzungen nur wenige Sitzungen, „um wieder auf den Weg zu kommen", ein anderer braucht behutsame Begleitung über eine lange Wegstrecke, auf der nicht gleich die großen Felsbrocken abgetragen werden können, sondern vorsichtig Steinchen für Steinchen aufgehoben wird. Es spricht noch nicht einmal gegen Ichstärke, wenn eine Therapie länger dauert, manchmal muß diese Stärke auch überhaupt erst wiederentdeckt und akzeptiert werden.
Die besten Erfahrungen ergeben sich, wenn wir uns von der Situation individuell leiten lassen.

Immer wieder gilt es: Vertrauen Sie als therapeutischer Begleiter dem tragenden Unbewußten und seinem Übersetzer, dem Muskeltest, von nichts können wir sicherer geführt werden!

Bis hierher habe ich Ihnen einiges über die großartigen Möglichkeiten und die Erfolge in der Arbeit mit der Kinesiologie erzählt. Es wäre schlechtweg unrealistisch, wenn ich Ihnen die andere Seite, nämlich die Schwierigkeiten, vorenthalten würde.
Zwar grenzt es tatsächlich für mich an ein Wunder, wie sich Lebenswege mit Hilfe der psychologischen Kinesiologie in neue Bahnen lenken lassen – dazu finden Sie noch eine Reihe von Beispielen in den „Heilungsgeschichten" am Schluß dieses Buches. Dennoch können diese Wunder nicht erzwungen werden.
Und so gibt es – wenn es auch nur wenige sind – immer wieder rnal Patienten, mit denen die Schritte klein sind und mühsam errungen werden. Und in wenigen Einzelfällen konnte ich mit meinen Möglichkeiten trotz allen Engagements schlicht und einfach nicht helfen.

Seinen Weg gehen – oder sich schieben lassen?

Obwohl heute wesentlich mehr Menschen als in früheren Jahrzehnten aus vielerlei Gründen Hilfe für ihre psychischen Probleme suchen, ist das jedoch nicht identisch mit einer *Bereitschaft* zur Arbeit an sich selbst. Etliche haben Vorbehalte überwunden, haben den Schritt getan, Gesundheit von Körper und Psyche als Einheit zu sehen – und doch bleibt bei den meisten der Wunsch, einen Wegbereiter in der Therapie zu finden, der einem das mühsame Selbergehen abnimmt. Viele suchen den Chauffeur, der das Auto ihres Lebens bequem dorthin steuert, wo sie es nach ihrem Wunschbild gern hätten.
Hier liegt nach meiner Meinung die schwierigste Aufgabe einer Therapiebegleitung. Manchmal ist es ja für den Klienten eher angenehm, durch die Führung des Therapeuten der eigenen Verantwortung entbunden zu sein.
Auch der Therapeut kann die Macht genießen, besser zu wissen, „was für den anderen gut ist", es salbt die Eitelkeit, unentbehrlich zu sein. Und es ist weniger anstrengend, Regieanweisungen zu geben bzw. anzunehmen, als sich in Therapien auch auf Konfrontationen einzulassen – für beide.

> Man dankt seinem Therapeuten schlecht, indem man immer sein Patient bleibt..... Ziel jeder Beratung, Begleitung oder Behandlung muß es sein, den Hilfesuchenden unabhängig und wieder selbst gehfähig werden zu lassen.

Und das ist sowohl in der konventionellen Psychotherapie nicht selbstverständlich (auch wenn es so gelehrt wird) wie auch in der kinesiologischen Praxis.
Ich habe Patienten kennengelernt, die waren auf dem besten Weg, Streß-Release-süchtig zu werden! Und zwar natürlich zu einer Zeit, als ich selbst noch davon überzeugt war, daß man mit dieser Methode alles „machen" könne, daß es keine Grenzen gäbe, daß nur die Qualität des Behandlers entscheidend sei für den Erfolg der Arbeit.
Ich wurde nachdenklich, als mehrere Patienten sich wie selbstverständlich auf die Liege legten für ein Streß-Release, nachdem eigentlich aus dem Gespräch allein schon die nächsten Schritte deutlich geworden waren und keine Konfliktsituationen anstanden. Ich spürte auf einmal die Verantwortung, die ich da an mich gezogen bzw. angetragen bekommen hatte, und ich merkte, daß es nicht das war, was ich wollte.
War es für mich schon in der Allgemeinpraxis selbstverständlich, daß die Patienten wieder zu Eigenverantwortlichkeit zurückfinden sollten (schon allein aus dem egoistischen Grund, daß ich nicht mehr wußte, wo ich noch Termine einplanen sollte), so konnte es doch gerade in der Entwicklung der Persönlichkeit nicht so sein, daß alles immer wieder an mir bzw. meiner Methode hing!
Diese ersten „Süchtigen" bestätigten mir noch einmal, daß u. a. die Leine der Terminvereinbarungen lang genug sein muß, um eigene Schritte auszuprobieren. Ohne die praktische Umsetzung, das Feedback auf das eigene Handeln, nützt das beste Streß-Release nichts, es kann nur Hand in Hand gehen mit äußeren Veränderungen.

Die Entwicklungsspirale

Und so kann eine persönliche Entwicklung nur dann effektiv sein, wenn sie alle Schritte der Verarbeitung einbezieht. Bloßes Analysieren und Lösen von Prägungen wäre eine Nabelschau, aber keine Wegbegleitung. Zu dieser Verarbeitung gehören verschiedene Ebenen, die alle, jede in ihrer Zeit, gleich wichtig sind.

Einsicht

Zunächst einmal muß das Problem – so banal das klingt – überhaupt als solches erkannt werden. Ohne diese Einsicht käme schon niemand in die Verlegenheit, um Rat zu fragen.
Das heißt, wenn ich meine Ehe oder mein Berufsleben für glücklich halte, dann mögen tausend andere einen gegenteiligen Eindruck haben; solange mein Bewußtsein die Erkenntnis eines Problems nicht zuläßt, ist jede Mühe der Überzeugung vergebens.
Dieser Schritt setzt voraus, daß wir einsichtsfähig sind, daß wir vom Verstand her in der Lage sind, die eigene Situation mit einer gewissen Distanz zu betrachten und zu erkennen. (Bei jüngeren Kindern ist die eigene Einsichtsfähigkeit durch die der Eltern ersetzt.)

Wille zur Veränderung

Der nächste Schritt ist der Wille zur Veränderung, meist entstanden aus Leidensdruck. Erst wenn wir uns gehörig genug gepeinigt fühlen, sind wir in der Regel bereit, die Bequemlichkeit eingefahrener Spurrillen zu verlassen. Solange dieser Wille, aus welchem Grund auch immer, nicht vorhanden ist, ist eine Therapie nicht effektiv.
Viele Institutionen, etliche Autoren im Kreise des Psycho- und Esoterikbooms (das meine ich absolut wertfrei!), besonders des „positiven Denkens“, vertreten die Ansicht, man müsse *nur wollen,* nur mit der richtigen Einstellung an das Leben herangehen, dann spiele eine tragische Kindheit, eine schauderhafte Angst, eine unüberwindbare Hemmschwelle, ein „Ich-kann-Nicht“ keine Rolle mehr.
Leider sind mir diese Bücher entweder zu spät begegnet, oder ich hatte nicht das Glück wie die Autoren, eben diese Theorien auch leben und umsetzen zu können – oder ich bin dafür zu dumm. „Gewollt“ habe ich immer, dennoch mußte ich mich mühsam und mit Hilfen (besonders der Kinesiologie) aus dem Sumpf meiner Abhängigkeiten und Probleme herausarbeiten, und ich treffe immer wieder auf Menschen – Patienten, Freunde, Kursteilnehmer, Geschäftspartner und viele andere –, deren Wollen und Einsicht allein ebenfalls das Leben nicht gewandelt haben. Und wer alles allein durch Veränderung seiner Einstellung und durch seinen Willen unmittelbar erreichen bzw. verändern kann, der hat ohnehin nicht zu diesem Buch gegriffen.
Der Wille zur Veränderung ist der Punkt, an dem viele Menschen Hilfe suchen. Sie fühlen sich in einer Situation nicht mehr wohl, leiden even-

tuell sogar erheblich. Der Wunsch an den Therapeuten ist dann oft, Wege zu finden, die zwar unliebsame Umstände verändern, aber kein eigenes Risiko fordern.
Auch hier kann natürlich die Kinesiologie ein Stück weiterhelfen, indem man oberflächlich erkannte Stressoren bearbeitet – solange man sich dessen bewußt bleibt, daß es eben nur die Oberfläche ist. Damit besteht die Chance, sich insgesamt etwas zu stabilisieren, Konzentration und Kraft zu sammeln für Entscheidungen.
Aber *ersetzen* kann man die notwendigen Schritte mit dem Glätten der Wogen nicht. Es ist wie das Warmlaufen vor einem Spurt: Wenn man den Spurt unterläßt, nützt das Warmlaufen wenig.
Der Wille zur Veränderung ist einer der aktivsten Beiträge des Patienten selbst, und – wie gesagt – er ist der Einstieg, der zu einer Therapie oder einer sonstigen Art der Bearbeitung führen kann, selbst wenn diese nur ein freundschaftliches Gespräch ist.

> Nur wenn dieser Wille die Bereitschaft zur Veränderung eigener Standpunkte und Verhaltensweisen einschließt, ist er ein Teil der Persönlichkeitsentwicklung.

Ist das nicht der Fall, bleibt man häufig (auch als Therapeut) in Schuldzuweisungen, Klagen und Opferhaltung stecken. Logischerweise verändert sich damit nichts, schon gar nicht zum Guten. Denn auch die Umstände ändern sich erst. wenn wir unseren Anteil daran verändern.

Handeln

Veränderung bedeutet ein aktives Umsetzen in konkreten Alltagssituationen. Dies ist natürlich nicht einfach, denn eben hier stoßen wir auf unsere Ängste und alte blockierende Prägungen. Wenn diese nicht wären, hätten wir ja schon längst anders handeln *können,* vermutlich hätten sich unsere gesamten Lebensumstände dann ohnehin anders entwikkelt. Hier ist genau der Punkt, an dem sich die Arbeit mit der psychologischen Kinesiologie als Brücke anbietet.

> Denn eigentlich geht es in alledem, was ich Ihnen vorgestellt habe, ausschließlich um diesen Aspekt therapeutischer Begleitung, nur um die Entflechtung von brauchbaren und unbrauchbaren Lebensmustern.

Es ist wie das Stellen einer Weiche: Sie wendet von einem alten Weg ab

auf das eigentlich gewünschte Ziel hin, aber am Ziel sind wir deshalb noch nicht. Weder auf das Vorher noch auf das konkrete Nachher haben wir damit einen Einfluß, wir wissen nur, es wird nicht mehr in den früher vorgegebenen Bahnen verlaufen.
Somit kann, je nach Situation, der 3. Schritt (nach dem Willen zur Veränderung) direkt das Handeln sein. Und das geschieht in unserem Leben fortlaufend, in großen und kleinen Belangen: Wenn wir mit dem Hunger unzufrieden sind, kaufen wir etwas zu essen. Wenn unsere Kleidung kneift (Leidensdruck!), kaufen wir neue oder essen sparsamer. Wenn unser Beruf uns nicht mehr ausfüllt oder wir Partnerschaftsprobleme haben – ja, handeln wir dann auch einfach?
Und eben da läßt sich die Weiche nicht in jedem Fall so einfach stellen wie beim Gang zum Bäcker oder Friseur. Da uns die Konsequenzen unseres Handelns dabei wesentlich mehr tangieren, da uns vielfältige Emotionen dabei begleiten und Verwirrung stiften können, finden wir manchmal nicht den geeigneten Weg zur Neuorientierung.
Wenn wir ihn auch so finden, was ebenfalls im Leben überwiegt, ist natürlich weder Hilfe noch Therapie angesagt. Wenn aber nicht, dann heißt der nächste Arbeitspunkt *Ablösung*, sich von alten, nicht mehr nützlichen Mustern trennen, die der weiteren Entwicklung im Wege stehen – also das tun, was die psychologische Kinesiologie anbietet.

Ablösung

Blockierende Prägungen zu überwinden, hat also zum Ziel, wieder *handlungsfähig* zu werden. Die Handlung und die damit einhergehenden Emotionen werden nach dieser Ablösung anders sein als vor einem Streß-Release, das heißt, neues Erleben ist angebahnt.
Mitbetroffene Personen werden mit einer neuen Reaktionsweise konfrontiert, also müssen auch sie sich mit Veränderungen auseinandersetzen. Das bewirkt ein Feedback für den Handelnden, oft eine noch ungekannte Erfahrung, die ihn bestärkt oder verunsichert, ihn auf jeden Fall herausfordert zur nächsten Erkenntnis, dem Abgleich mit dem Willen und einem erneuten Handeln.

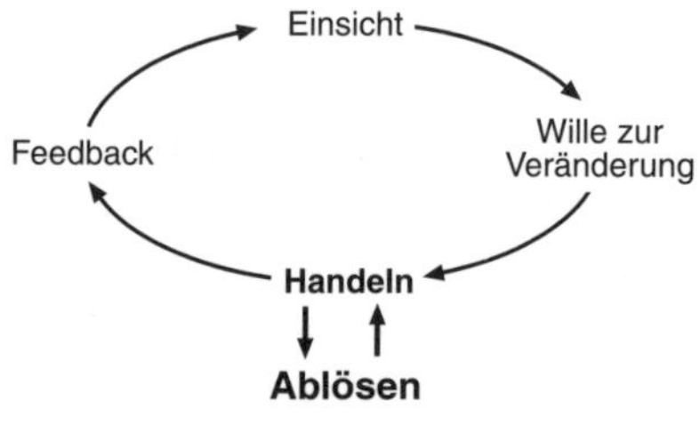

Die freie Auswahl

„Alles ist Schicksal"

Nicht jeder Mensch stellt sich diesem Prozeß in gleicher Weise. Viele sind zufrieden, wenn körperliche Bedürfnisse befriedigt sind. Krankheit, Unglück und psychische Konflikte nehmen sie als zufällige Schicksalsschläge, hadern mit den politischen oder wirtschaftlichen Zuständen, mit dem Partner oder mit Gott und sind heilfroh, ihre Wunden vom Gesundheitssystem pflegen lassen zu können. Der Idee, sie hätten selbst die Macht, etwas zu verändern, können sie nur mit Kopfschütteln und Unverständnis begegnen.
Sei es echter Informationsmangel (unsere Wissenschaft und Gesellschaft bemühen sich ja redlich, uns jegliche Eigenverantwortung abzunehmen), sei es die allzu verständliche menschliche Trägheit – niemandem steht es zu, diese Menschen „zwangsbeglücken" zu wollen – es sei denn, sie selbst suchen entsprechende Hilfe.

„Der nächste Guru, bitte!"

Andere scheinen offen für diese Arbeit an sich selbst, wir begegnen ihnen auf den zahlreichen Selbsterfahrungstrips. Sie schreiben Unabhängigkeit und Bewußtsein auf ihre Fahnen, weil sie ihre Abhängigkeit von Heilsversprechen und vielerlei Gurus bewußt wählen.
Viele suchen ihr Heil in unzählbaren Therapieformen und Selbsterfahrungsgruppen. Anstatt sich zu finden, verlieren sie sich in jeder Methode, die gerade „in" ist.
Viele dieser Menschen wollen ausschließlich zwischen „Erkennen" und „Lösen" pendeln, suchen diese beiden Komponenten in allen Therapieverfahren – und können sich selbst nicht finden, solange sie den Rest der Spirale ignorieren, weshalb dann die nächste Methode herhalten muß.
Und es wird ihnen leicht gemacht, nicht nur, weil es eine Riesenauswahl davon zu durchlaufen gibt, sondem weil auch deren Initiatoren meist nicht schlecht davon profitieren und kein Interesse haben, ihre Kundschaft aus ihrem Bannkreis zu entlassen.
Viele sind so eifrig damit beschäftigt, ihren Heiligenschein zu polieren, daß ihnen die „harte Realität" zu profan ist. Manche haben mit den Niederungen von Erwerbsleben und familiären Verbindlichkeiten so wenig am Hut und schweben nur noch auf rosa Wolken, so daß sie schon mal mit einem sehr unsanften Absturz auf den Boden des Lebens zurückge-

holt werden. Manchen scheint das Schweben – oft auf Kosten Dritter – scheinbar hervorragend zu bekommen. Welcher Instanz sich dieser Ausdruck des freien Willens dann verantwortlich fühlt, muß jeder mit seinem Gewissen vereinbaren.

Sinn-Arbeiter

Eine Reihe von Menschen aber – und es werden immer mehr – haben sich entschieden, sich diesem Lebens- und Lernprozeß zu stellen. Sie stellen sich die Frage, *warum* wir als „Krone der Schöpfung" in der Lage sind, über die Körperlichkeit hinaus zu fühlen und zu denken, *welchen Sinn* es als bisheriger Gipfel der Evolution machen könnte, mit Bewußtsein ausgerüstet zu sein.
Sie wollen ihren Weg der Erkenntnis nicht bei Essen, Trinken und Sex, aber auch nicht bei einem Guru enden lassen, sondern versuchen, der Bedeutung des Geistes und des Bewußtseins auf die Spur zu kommen.

Auch mein Leben hat mich auf diese Suche geführt, hat mich Antworten ahnen lassen, aber jede annähernde Antwort wirft immer noch mehr neue Fragen auf. So versuche ich, besonders durch das Geschenk meiner fortlaufenden Arbeit, das Zusammenwirken von Körper, Psyche und Geist zu durchleuchten. Ich verfolge, was aus Menschen wird, die sich den Wegweisungen von Krankheiten, Schicksalsschlägen und Konflikten stellen, und wo es mich selbst hingeführt hat, immer für diese Fragen und Beobachtungen offen zu sein.
Auch hier kann ich wieder sagen, daß mir ohne die weise Führung des Unbewußten mit der Übersetzung durch den kinesiologischen Test diese Lektionen verschlossen geblieben wären.

> Die wesentliche Erkenntnis war für mich, daß das subtile Wechselspiel zwischen Körper, Psyche und Geist letztendlich zu einem wachsenden Bewußtseinsprozeß führt, in dem mal der eine, mal der andere Anteil die Impulse setzt, wovon schließlich alle Bereiche profitieren in Richtung auf Heilung und Reife.

Körper, Psyche, Geist...

Dieses Zusammenspiel geschieht stets in Wechselwirkungen, bei denen sich die höheren Prinzipien gegenüber den untergeordneten eher durchsetzen als umgekehrt. Wobei mit „höher" die Fähigkeiten gemeint sind, wie sie sich in der Folge der Evolution entwickelt haben. Über Körperlichkeit verfügt jedes Lebewesen, für uns erkennbare Gefühle verfeinern sich, je weiter wir zu den sogenannten „höher entwickelten" Tieren kommen. Und das Denken, das eng verknüpft ist mit dem Bewußtsein und der Fähigkeit zur Selbsterkenntnis, drückt sich erst bei der Spezies Mensch erkennbar aus.
Nun gibt es biologische und medizinische Thesen, nach denen Gefühle und Verstand eine Funktion, d. h. Folge körperlicher Prozesse sein sollen. Demnach wären Empfinden und Denken letztlich durch die Chemie des Körpers bestimmt.
Das ist zu einem Teil wohl unbestreitbar: Wenn mir ein Stein auf den Fuß fällt, fühle ich Schmerz und leide, wenn ich schrecklich hungrig bin, kriege ich schlechte Laune.
Aber: Der Körper kann mich nicht zwingen, schlechte Laune zu produzieren. Ich kann zum Beispiel freiwillig fasten und mich sogar entscheiden, das zu genießen. Ich habe die Freiheit, mich dem Diktat des Körpers nicht zu unterwerfen.
Umgekehrt aber geht die größere Kraft von den *Gefühlen* auf den Körper aus, und diese wiederum lassen sich hervorragend durch Gedanken heraufbeschwören. Wir können bewußt entscheiden, an etwas Angenehmes oder Unangenehmes zu denken, und lösen damit Empfindungen aus, die im Körper vielerlei Reaktionen in Gang setzen. Wenn wir uns umentscheiden und den Fokus unserer Gedanken auf etwas anderes ausrichten, dann „ziehen die Gefühle mit" und ebenso die organischen Manifestationen.
Der Boß scheinen also unsere *Gedanken* zu sein, aber auch diese Gedanken, die ja oft in wildem Durcheinander auf uns einstürmen, sind nicht die oberste Instanz. Über ihnen rangiert zumindest noch das *Bewußtsein*, das mehr ist als Gedanken. Bewußtsein ist in der Lage, wahrzunehmen und zu entscheiden; also auch wahrzunehmen, was man fühlt oder denkt, und zu wählen, welchen Gedanken man sich zuwendet.

> Also ist Denken zwar ein Bestandteil des Bewußtseins, aber Bewußtsein reicht über das Denken hinaus.

Ich sehe diese Wechselwirkungen innerhalb dieser Hierarchie gern in einem Bild:

Ein geniales Theaterstück?

Nehmen wir unser Leben als ein Schauspiel. Zu ihm gehören eine Bühne, Schauspieler, Requisiten und ein Regisseur.
Mit unserem Körper drücken wir uns aus, er entspricht also dem Schauspieler, der in seinen Qualitäten das umsetzt, was die Rolle von ihm verlangt.
Der Regisseur bestimmt, wie der Schauspieler eine Thematik verkörpern (!) soll, ihm entspricht demnach unsere Psyche. Natürlich kann ein Schauspieler ohne Regisseur arbeiten, aber dann kann es ihm passieren, daß er nicht in Einklang mit den anderen Darstellern agiert, daß letztlich aus dem Stück nichts wird. Ein guter Regisseur wird dagegen zugegebenermaßen ebenfalls Schwierigkeiten haben, einen miserablen Schauspieler gut in Szene zu setzen.
Es kommt auf beide an, wobei eben einer Regie führt und der andere umsetzt. Hand in Hand wird das genial, und wer gern „die Umstände" beruft für ein mißlungenes (Lebens-)Schauspiel, den möchte ich erinnern an hervorragende Pantomimen, die ohne jegliche Requisiten ihr Anliegen plastischer darstellen können als mancher Schauspieler, der im Pomp der Bühnenausstattung untergeht.
Soweit finden wir alles wieder, was aus psychotherapeutischer Erfahrung oder Einblick mit der Kinesiologie bekannt ist. Aber welches Stück wird gespielt, und wer hat es geschrieben?
Ein Theaterstück braucht – wie vielleicht unser Leben auch – ein Grundkonzept, eine Arbeitsvorlage, nach deren Idee das Schauspiel inszeniert werden soll, das üblicherweise vom Drehbuchautor ausgearbeitet wird. Könnte dieser nicht dem Geist bzw. der Seele des Menschen entsprechen? Das Drehbuch schreibt dem Regisseur nicht vor, wie er das Stück gestaltet, und trotzdem gibt es an, um was es eigentlich vom Thema her geht.
Der Autor denkt und konzipiert, der Regisseur und der Schauspieler erfüllen mit Leben. Wie exzellent müßte ein Schauspiel werden, wenn der Drehbuchautor eine gute Idee darstellt, der Regisseur deren Sinn erfaßt und sich in die Thematik einfühlen kann, der Schauspieler seine Ausdrucksstärke benutzt, um die Regieanleitungen lebendig werden zu lassen?
Und wenn zwischen den dreien ein Austausch stattfindet, der ein Feed-

back von allen Seiten, einschließlich der Zuschauer, zuläßt, der offen ist für Anregungen und Herausforderungen?
Ist es nicht letztlich dieser so schwer benennbare Teil der menschlichen Existenz – der Geist, das Bewußtsein, das Selbst, die Seele –, der das Eigentliche des Menschen ausmacht, das, was ihn so unverwechselbar zum Menschen macht?
Und müßte dann nicht in dieser Instanz der eigentliche Sinn unseres Daseins und unserer so unterschiedlichen individuellen Wege zu suchen sein?

Das Ziel der Reise (?)

Wäre der Sinn des Lebens nur eine Erhaltung der Spezies, eine Durchsetzung eigener Gene, dann würde die Fähigkeit zu Bewußtheit wenig Sinn machen. Dann bräuchte nur der Stärkste seine Erbmasse weiterzugehen, wie es häufig im Tierreich geschieht.
Selbst wenn wir zu dieser „Stärke" noch die Intelligenz des Denkens mitvererben wollen, dann wären bestenfalls Schläue, Rücksichtslosigkeit und Gemeinheit die sichersten Garanten für den Fortbestand der Menschheit.
Gerade diese Eigenschaften, die wir auf unserer Erde immer noch kultivieren, sind aber zur Zeit dabei, der Menschheit den Ast abzusägen, auf dem sie sitzt, ihr den Nährboden einer intakten Natur als Lebensbasis zu entziehen. Es ist schon die Frage, inwieweit man ein derartiges Verhalten rücksichtsloser Ausbeutung von Mitmenschen, Natur und Erde als „intelligent" bezeichnen kann – „bewußt" ist es sicherlich nicht.
Also muß Bewußtsein doch letztlich etwas beinhalten, was die Rücksichtslosigkeit der „Intelligenz" überwindet und damit einen Fortbestand des Lebens auf der Erde wieder sichert.
Und erstaunlicherweise führen alle Wege, die ich individuell mit Menschen geteilt habe, genau in diese Richtung! Obwohl sich kaum jemand als Weltverbesserer auf den mühsamen Gang durch die Entwicklungsspirale begibt, sondern ganz persönliche Hilfen für ebenso persönliche Probleme sucht, obwohl er nur glücklicher, gesünder und erfüllter leben möchte, so ist doch allen eins gemeinsam: Sie treffen sich in wachsender Erkenntnis, in fortschreitendem Bewußtsein.
Was mit Selbstachtung und Selbstentfaltung beginnt, führt über Selbstverantwortung zu Achtung und Verantwortung gegenüber allem, was uns umgibt.

Ich stelle mir allerdings immer wieder die Frage, warum sich das Bewußtsein als höchste Instanz der Hierarchie nicht schon längst durchgesetzt hat. Hierauf wird es mehr philosophische Vermutungen geben als wissenschaftliche Thesen, und um eben diese philosophischen Überlegungen wird man auf seinem Entwicklungsweg letztlich nicht herumkommen.
Das „Warum" werde ich hier nicht weiter vertiefen, weil es über die Arbeit mit Psyche und Emotionen deutlich hinausreicht. Dennoch liegt der Verdacht nahe, daß das Denken eben nur eine Vorstufe zum wirklichen Bewußtsein ist, daß unsere Evolution erst jetzt langsam beginnt, Bewußtsein als nächsthöhere Lebensstufe anzusteuem

„Unbewußtes" oder „höheres Bewußtsein"?

> Die Kinesiologie bietet uns mit dem Muskeltest die geniale Möglichkeit, durch Kommunikation mit unserem Unbewußten zu Bewußtsein zu gelangen.

Dieses „Unbewußte", was unserem Kopf nicht unmittelbar zugänglich ist, das aber unsere Existenz trägt wie der unter Wasser liegende Teil eines Eisbergs, wurde zu lange als etwas geschmäht, das sich unkontrolliert und störend in unsere glorifizierte Verstandeswelt einmischt.
Zu wenig Achtung wurde dieser Instanz entgegengebracht, die in der Lage ist, Milliarden von chemischen und nervalen Vorgängen gleichzeitig zu steuern und so Leben überhaupt erst möglich zu machen, die wir mit noch so schlauem Kopf überhaupt nicht zu kontrollieren in der Lage wären.
Und dies nicht nur individuell, sondern kollektiv, indem sich ökologische Lebensräume in einem fortwährenden Gleichgewicht entwickeln. Geschieht das über bewußte Entscheidung der einzelnen Lebewesen? Oder automatisch-mechanistisch? Oder doch über Lebensgesetze, die diesem genialen „Universalbewußtsein", also einem „höheren Bewußtsein" zuzurechnen sind?
Dieses „wahre Bewußtsein", das verbunden ist mit dem schwer zugänglichen Unbewußten, ist die eigentliche weise Instanz, die für uns lebenserhaltend agiert.

- Zum einen, indem sie verdrängt, wenn wir nicht in der Lage sind, zu verarbeiten.
- Zum anderen, indem sie sich mit Tausenden von Tricks wie psychi-

schen Konflikten und körperlichen Reaktionen bemerkbar macht, um uns in Einklang zu bringen mit unserem eigenen Wesenskern. Wo immer wir diesen verleugnen oder unterdrücken, werden wir durch Unbehagen und Leid auf diese Verdrängung aufmerksam gemacht.

Wenn wir lernen, auf die Sprache dieses weisen Unbewußten zu hören, werden sich zunehmend unsere Empfindungen verändern. Emotionen, denen wir uns ausgeliefert fühlten, weichen und lassen Raum für neue Erfahrungen.
Je leiser die Emotionen werden, desto besser können wir wieder unsere innere Stimme hören, desto klarer kommen wir wieder in Kontakt zu uns selbst, desto mehr werden *Gefühle statt Emotionen* uns begleiten und beraten.

Selbstbestimmung

Die Folge ist, Schritt für Schritt, innere Freiheit und Unabhängigkeit. Selbstbestimmung um ihrer selbst willen kann aber keinen Wert haben. Wenn ich mir jede Freiheit erlaube, übertritt sie schnell die Grenzen des anderen. Wenn diese Autonomie jedoch meinem Herzen entspringt, wenn ich es gut mit mir meine aus meinem Selbstverständnis und nicht als Kompensation von Frustrationen, dann werde ich souverän, dann kann ich auch andere tolerieren in ihrer Art des Selbstausdrucks (ein satter Löwe läßt auch die anderen fressen!).
Dann werden Neid, Mißgunst, Haß, Eifersucht, Gier und Gewalt zunehmend überflüssig, und wir bereiten ein Feld, in dem auch andere beginnen können, ihr eigenes Potential zu verwirklichen.
Diese Entwicklung ist zwangsläufig: Schon nach den Gesetzen der Logik müssen wir „gleiches Recht für alle" gelten lassen – wenn ich mir Wohlbefinden zugestehe, dann dir natürlich auch. Und wenn wir sogar einen Schritt darüber hinausgehen in das Bewußtsein, dann „fühlen" wir das Bedürfnis, die Geschenke des Lebens weitergeben zu wollen. Kaum ein Herz ist so verschlossen, daß es nicht aufblüht, wenn es Freude mit anderen teilen kann. Dann wird selbstverständlich, meine Mitmenschen und alles, was mich umgibt, nicht weniger und nicht mehr zu achten und wertzuschätzen als mich selbst auch.
Und hier schließt sich der Kreis. Was ist es anderes als *Liebe*, wenn wir uns selbst und dem Leben so gegenübertreten?
Und ist es nicht gerade die Liebe, die wir schon aus der Kindheitsentwicklung als lebensnotwendiges Fundament hergeleitet haben, der

wir alle in den buntesten Facetten individueller Kompensation nachlaufen?

Liebe

Warum setzen wir uns geschminkte Masken auf? – Weil wir geliebt werden wollen.
Warum verhalten wir uns willfährig und angepaßt? – Weil wir geliebt werden wollen.
Warum wollen wir mit Autos, beruflicher Position oder Bankkonto imponieren? – Weil wir geliebt werden wollen.
Warum reißen wir die Macht an uns? – Weil wir uns nicht geliebt fühlen.
Warum führen wir Kriege? – Weil wir uns nicht geliebt fühlen.

Es ließe sich beliebig fortsetzen, und welchen Umweg auch immer wir finden: Die Spur zurück endet immer wieder an der Frage: Liebe oder Nicht-Liebe?
Und so führt der Weg einer Arbeit an sich selbst über Unabhängigkeit und Selbstentfaltung letztendlich zu immer mehr Liebesfähigkeit. Sie macht es möglich, sich selbst und andere anzunehmen, Liebe zu geben und zu empfangen. Eine Liebe, die sich nicht am Eigennutz orientiert, aber sich andererseits nicht unterjochen läßt.
So vieles ist hierzu schon gesagt, von Philosophen, Religionsführern, Dichtern, Esotetikern aller Zeiten, hier ist nicht der Ort, dem etwas hinzuzufügen.
Und doch hat es mich zutiefst erstaunt, daß ich – ohne jegliche Absicht meinerseits – durch meine Arbeit mit der Kinesiologie und die ewige Frage nach dem „WARUM?" immer mehr an dieses Thema herangeführt wurde. Ich hatte weder Hypothesen noch Intentionen, und doch hat mich der Ariadnefaden dieser Frage zu der Einsicht geführt, daß etwas dran sein muß an der Kraft dieser Liebe.
Die sogenannte menschliche Intelligenz allein hat uns zu unmenschlichen Taten veranlaßt, unsere Fähigkeit des Denkens hat Konstrukte der Unterdrückung geschaffen. Alle Eigenschaften des Menschen, die über die Fähigkeiten der Tierwelt hinausgehen, führen zur Zeit zur Zerstörung dessen, was unser Leben ermöglicht.
Es gibt nur eine Kraft, zu der der Mensch ebenfalls dank seines Bewußtseins befähigt ist, mit der wir dieser Destruktion Einhalt gebieten können, nämlich die *Liebe.*

Denn
- Intelligenz ohne Liebe führt zu Ausbeutung,
- Freiheit ohne Liebe führt zu Rücksichtslosigkeit,
- Wissen ohne Liebe führt zu Manipulation,
- Macht ohne Liebe führt zu Unterdrückung,
- Arbeit ohne Liebe führt zu frustrierender Pflichterfüllung,
- Leben ohne Liebe führt zum Tod.

Was andererseits wären die Konsequenzen gelebter Liebe?
Etwas, das wir lieben, achten wir. Etwas, das wir achten, pflegen, schützen und fördern wir. Etwas, das wir pflegen, schützen und fördern, kann sich entwickeln und wird gedeihen.
Tun wir das?
- gegenüber unseren Mitmenschen?
- gegenüber der Natur?
- in der Politik?
- in der Wirtschaft?
- an unserem Arbeitsplatz?
- in unseren Familien?
- *uns selbst gegenüber?*

Was für eine Herausforderung, Liebe im konkreten Alltag zum Ziel zu machen! Nicht die sentimentale Liebe der Romantiker, nicht das partnerschaftliche Tauschgeschäft, bei dem wir für eine oberflächliche Harmonie bereit sind, unser eigenes Potential zu verleugnen, sondern eine selbstbewußte, gleichberechtigte und gleichwertige Liebe allem Lebenden gegenüber, einschließlich sich selbst!
Was schon vor 2000 Jahren galt, wie es in der Bibel steht, das gilt heute mehr denn je: Nur wer sich selbst achtet und liebt, wird dem Leben mit Freude begegnen. Nur wer dieses „JA" zum Leben in sich trägt, kann letztlich auch dem anderen wirklich Liebe geben
Liebe bedeutet weder Selbstkasteiung, noch Heiligkeitsanspruch, andererseits braucht sie unser bewußtes Engagement. Ich sehe es als eine immerwährende Gratwanderung, Augen, Herz und Bewußtsein offen zu halten für diesen Weg, sich andererseits nicht zu verurteilen für all das, was wir noch nicht erreicht haben.
Bei mir selbst und vielen meiner Wegbegleiter habe ich so viele Phasen von Zweifel, Ungeduld, Schuldgefühlen und Resignation erlebt, daß ich dieses bedingungslose JA zeitweise für einen Hohn hielt, und doch, wenn ich zurückblicke, sehe ich die ständige Spirale, die mich diesem Bewußtsein, dem Vertrauen ins Leben und dieser Liebe beharrlich trotz aller Tiefen nähergebracht hat.

Stellen Sie sich vor, wenn immer mehr sich um diesen Weg bemühen! Was würde es bewegen, wenn jeder Therapeut seinem Patienten, jeder Lehrer seinem Schüler, jeder Chef seinen Arbeitnehmern, jeder Geschäftsmann seinen Kunden mit Wertschätzung gegenübertreten würde – und umgekehrt!
Wenn jeder seinen Nachbarn, Partnern, Kindern, Eltern, Mitarbeitern, Kellnern, Finanzbeamten und Konkurrenten mit Achtung begegnen könnte!
Wenn wir anfangen, den Punkt „Einsicht“ unserer Entwicklungsspirale auf dieses Ziel auszurichten, wenn wir den Willen aufbringen, unsere eigene Bequemlichkeit zu überwinden und im Rahmen unserer Möglichkeiten einen Beitrag zu leisten, wenn wir handeln, wo immer wir die Chance dazu haben, und durch innere Arbeit das auflösen, was uns am Umsetzen hindert – dann könnte unser Feedback sein, daß sich in unserem ganz persönlichen Lebensumfeld etwas bewegt in Richtung auf diese lebensfördernde Liebe.
Vielleicht lernen wir dann sogar, dankbar zu sein für die Probleme unseres Lebens, weil sie uns die Herausforderung zum Wachstum bieten – aber leider gelingt mir das meist erst im nachhinein!
Wo immer ein Mensch sich entschieden hat, dem eigenen Leben die Überschrift dieses Bewußtseins, dieser Achtsamkeit zu geben, stößt er andere an, macht er Mut durch sein Vorbild, verbreitet er Vertrauen, Humor, Freude, Dankbarkeit, Lebensbejahung.
Das Leben wird dadurch nicht automatisch leichter, die Herausforderungen nicht weniger. Und doch spürt man in diesen Menschen Authentizität, Stimmigkeit, Liebe. Es „steckt an“, und dann braucht es keine Philosophie und keine vorgegebene religiöse Ausrichtung, keine Vorschriften und Belehrungen, weil ein solches Leben für sich spricht.
Dazu kann und möge die Kinesiologie ein hilfreiches Instrument sein. Möge sie helfen, dem wahren Ich, dem inneren Bewußtsein, der Seele wieder Gehör zu verschaffen. Und wenn wir dieses wieder gelernt haben, hat die Kinesiologie spätestens ihren Sinn erfüllt. Darum: Nehmen Sie das Geschenk an, *praktizieren Sie Kinesiologie, um sie überflüssig zu machen!*

Die Kraft der Psyche – Heilungsgeschichten

Und hier endet die Reise durch die therapeutische Arbeit mit der psychologischen Kinesiologie. Wir können nicht die Welt verbessern, aber sobald wir anfangen, selbst wieder unabhängig und liebesfähig zu werden, wird es sich zwangsläufig auch auf andere auswirken. Unsere Motivation kann nur uns selbst betreffen, und doch ist schon unendlich viel getan, wenn wir uns von unseren inneren Fesseln befreien und unser Potential leben lernen.
Die Patienten, die ich Ihnen zum Abschluß unserer Reise vorstellen möchte, sollen die Palette derer ergänzen, die Ihnen schon in den einzelnen Kapiteln begegnet sind. Ich möchte Ihnen noch einmal zum einen zeigen, welche konkrete Schritte wir erarbeitet haben, zum anderen die Vielfalt von Ausdrucksformen psychischer Entwicklungswege vorführen.
Selbstverständlich habe ich zur Wahrung der Anonymität Namen und auch einige persönliche Merkmale verändert, die wesentlichen Arbeitsschritte und Ergebnisse sowie die resultierenden Veränderungen der Lebenswege sind jedoch authentisch.
Die Testergebnisse sind wieder dokumentiert mit den Zeichen + für einen stark bleibenden Arm (kein Streß ausgelöst) und – für einen schwach reagierenden (der Begriff oder die Vorstellung löst Streß aus).

Konkurrenz

Peter, 16 Jahre, kam mit seiner Mutter zu mir, weil er sehr darunter litt, daß immer wieder seine Freundschaften zerbrachen. In mehreren Cliquen fühlte er sich ausgestoßen, in der Klassengemeinschaft hatte er Schwierigkeiten, Lehrer fühlten sich durch sein provokantes Auftreten verärgert und ließen das auch in ihren Beurteilungen spüren, Lern-

störungen waren die Folge. Die Eltern und er hatten sehr wohl beobachtet, daß Peter in allen Beziehungen versuchte, das Kommando an sich zu reißen, jeden „nach seiner Pfeife tanzen zu lassen". Aber es gelang ihm nicht, sich zu beherrschen oder sein Verhalten zu ändern.
Aktuelle Lebenssituation: Beide Eltern waren selbständige Unternehmer, seine Schwester war zwei Jahre älter als er. Peter besuchte das Gymnasium als mittelmäßiger Schüler, hatte wechselnde Hobbys, die immer wieder scheiterten, wenn sie in Gemeinschaft ausgeübt wurden. Er fühlte sich selbst sehr unglücklich und ausgeschlossen und vergrub sich deshalb am liebsten in Bücher.
Zur körperlichen Anamnese gab er an. daß er sich eigentlich gesund fühle, aber oft ohne ersichtlichen Grund Bauchschmerzen bekäme.
Der Test ergab: Dünndann – (nicht beachtet)
Rot – (Aufmerksamkeit), Blau – (einsam)
Mutter –, Schwester –
1. Lebensjahr – (1. Lebensmonat –)
Diese Puzzlesteinchen fügten sich in der Erinnerung der Mutter zu einem Bild. Sie berichtete, daß sie ständig durch den Beruf stark eingespannt war, andererseits versucht habe, auch ihren Kindern gerecht zu werden. Sie selbst hatte mit zwei Jahren einen Bruder bekommen, und sie wußte, daß sie nach kurzer Zeit sehr eifersuchtig geworden war, und so beschloß sie, die Tochter bei Peters Versorgung nicht auszuschließen, um nicht denselben Fehler zu begehen.
Das führte jedoch dazu, daß die kleine Tochter vehementen Protest anmeldete, wenn ihr kleiner Bruder gestillt oder gewickelt werden sollte. Sie führte dann dramatische Szenen auf, so daß die Mutter sich immer wieder von dem Baby abwenden mußte, um die Tochter zu besänftigen. Schließlich mußte sie sich mehr um die Tochter kümmern, weil sie sich tausenderlei ausdachte, um die Aufmerksamkeit auf sich zu lenken, der Junge wurde eher nebenher abgefertigt und kam ganz einfach zu kurz.
Da diese Erinnerung stimmig in das aktuelle Verhalten paßte (der Kampf um die Aufmerksamkeit mit allen Mitteln), entschlossen wir uns zum Streß-Release, Peter war damit einverstanden. Zwar wußte er nichts von den Grundereignissen, aber er empfand seine Schwester immer als diejenige, die ihn verdrängte und sich in den Vordergrund spielte. So ließ er sich auf das „Konkurrenzbild" seiner Schwester ein, die Mutter saß neben ihm und legte ihre Hand auf seine Nabelregion, während ich die Stirnpunkte hielt. Peter empfahl ich, an seine Schwester zu denken und an das Gefühl, nicht beachtet zu werden, die Mutter versuchte sich noch einmal in die damalige Situation hineinzufühlen.

Nach dem Streß-Release fühlte Peter sich wohl. Auf einen Testsatz hatten wir verzichtet, da er sich nicht zwanglos ergab. Wir beschlossen, den Verlauf abzuwarten.
Ich hörte lange nichts von der vielbeschäftigten Familie, erst ein Jahr später trafen wir uns zufällig. Die Mutter strahlte. Peter war wesentlich umgänglicher geworden, er hatte einen guten Freund gefunden und sich einer Foto AG angeschlossen, in der Klasse war er gut gelitten, die schulischen Leistungen hatten sich erheblich gebessert. Natürlich gab es noch Reibereien und Streit zwischen den Geschwistern, aber Peter biß sich nicht mehr so fest wie früher. Alle waren zufrieden, und man hatte glatt vergessen, sich noch einmal zu melden.

Phantasie oder Realität?

Anita L. war schon einige Male sporadisch wegen vielfältiger Probleme behandelt worden, insgesamt war sie mit ihrer Lebensentwicklung zufrieden. Eines Tages bat sie mich um einen Termin wegen eines Problems, das sie jetzt endlich angehen wollte. Sie litt von kleinauf unter einer heftigen Vogelphobie. Sie hatte darüber nie gesprochen, erstens weil sie den Konfrontationen recht gut aus dem Wege gehen konnte, zweitens, weil sie sich schämte, vor diesen harmlosen Tieren Angst zu haben. Die Panik ging so weit, daß sie sogar die Straßenseite wechselte, wenn vor ihr eine Taube auf dem Gehweg saß.
Jetzt hatte sie sich von ihrem Mann getrennt und war in eine kleine Dachwohnung gezogen. Eigentlich fühlte sie sich sehr wohl dort, aber vor dem Dachflächenfenster saßen des öfteren Vögel, und das panikartige Gefühl wurde immer schlimmer, so daß sie jetzt etwas tun mußte.
Zuächst spielten wir mit Assoziationen, von Vogel – Freiheit bis zu sexuellen Deutungen, aber nichts löste eine Resonanz bei Frau L. aus.

Test: Blase –, Emotion Panik.
Farbe Rot – : Gefahr
Lebensebenen: körperlich –, Emotionen Kraft, Passivität
Lebensalter 10 Monate – .

Personen waren nicht als Stressor zu testen. Aber natürlich wurde der Arm bei jedem Gedanken an Vögel schwach.
Die Lebenssituation im ausgetesteten Alter schilderte Frau L so: Da beide Eltern voll berufstätig waren, wuchs sie bei ihrer Großmutter auf dem Lande auf. Auch die Oma war viel beschäftigt und konnte sie

nicht zu allem mitnehmen, aber immerhin konnte Anita dort viel daußen sein, die Oma setzte sie dann in ihren Laufstall im großen Garten. Wir rätselten lange, theoretisterten, aber kamen zu keinem stimmigen Schluß. So entschieden wir uns, und wenn es auch nur eine Vorarbeit sein sollte, zu einem Streß-Release, bei dem sie die Zeit bei der Großmutter als Kleinkind auf sich wirken lassen sollte sowie die Begriffe Panik, Gefahr, Kraft, Passivität.
Das Streß-Release dauerte insgesamt etwa 10 Minuten. Die Hälfte der Zeit war Frau L. sehr unruhig und angespannt, das steigerte sich noch, um dann in ein plötzliches heftiges Schütteln und danach Lachen zu münden und mit lächelnder Entspannung zu enden. Und überrascht erzählte sie mir nachher: Sie sah sich immer wieder im Laufstall in Großmutters Garten mit einem unbehaglichen Gefühl, aber vorerst geschah nichts. Bis plötzlich aus heiterem Himmel, sie hatte sich gerade an den Stäben zum Stehen hochgezogen, ein riesiges Huhn angeflattert kam und sich direkt vor sie auf die Stange ihres Laufstalls setzte!
Wir waren beide natürlich nicht sicher, ob es sich um ein konstruiertes Bild handelte oder ob ähnlich wie in einer Hypnose das tatsächliche Ereignis in Erinnerung gerufen worden war. Zumindest waren beim Kontrolltest die bisherigen Stressoren alle stark, auch der Gedanke an das ESR-Bild und an Vögel ließ den Muskel nicht mehr schwach werden! (Ich konnte mich übrigens gut in das Gefühl mit hineinversetzen, mir ist es heute als Erwachsene noch äußerst unangenehm, wenn eines unserer Zwerghühner auf mich zuflattert, und dann stelle man sich das Größenverhältnis zwischen einem normalen Huhn und einem 10 Monate alten Kind vor!)
Als wir uns einige Monate später wegen einer anderen Frage sprachen, berichtete sie mir, daß ihr die Piepmätze auf dem Dach von diesem Zeitpunkt an keine Probleme mehr gemacht hätten, sie sei auch keiner Taube auf dem Gehweg mehr ausgewichen, obwohl sie sich noch nicht zum Kauf eines Kanarienvogels entschließen könne.

Ein Glücksfall

Hier möchte ich Ihnen die Geschichte von Lena vorstellen, die ich im Anfangsstadium einer Anorexia nervosa (Magersucht) behandeln durfte. Diese Störung hat eine sehr schlechte Prognose, weil die betroffenen Mädchen sich selbst nicht als gefährdet empfinden und folglich auch nicht motiviert sind, sich aktiv am Heilprozeß zu beteiligen. Es ist dadurch die Erkrankung des Jugendalters mit der höchsten Todesrate! Deshalb rate ich dringend davon ab, eigenmächtige Erperimente zu versuchen; sinnvoller ist es, gegebenenfalls auf einer Kooperation verschiedener Institutionen zu bestehen, wie es letztlich auch bei Lena war.

Lena B. war 13, als ihre Mutter einen Termin für sie vereinbarte. Vorab hatte ich am Telefon gebeten, das Thema Essen möglichst zu meiden, wir mußten also etwas mogeln. Der äußere Anlaß für die Konsultation sollten deshalb Akne und zeitweilige Rückenschmerzen sein. Meinen Hinweis, daß bei einer Anorexie immer die übrigen Familienmitglieder mit einbezogen werden müßten, nahm Frau B. positiv auf. Sie war bereit, gelegentlich zusammen mit ihrem Mann zu einem gesonderten Beratungstermin zu kommen.

Natürlich war das brisante Thema Eßverhalten nicht ganz zu umgehen, ich konnte den Eltern die Sorge nicht verdenken. Zumal bei Lena schon Gefahr im Verzug war, sie wog nur noch 37 kg, und der Hausarzt hielt eine Klinikeinweisung für unumgänglich. Eile war also angesagt, und doch durfte die Gratwanderung zwischen beiden „Parteien" niemanden verprellen.

Andererseits nützt es nichts, eine Behandlung zu forcieren, da Druck den Widerstand nur verstärkt. Ich war froh, daß ich in der 1. Sitzung überhaupt schon ein Gespräch mit Lena führen konnte, daß sie mich sogar testen ließ. Haut und Rücken reagierten gleichermaßen auf den emotionalen Modus, die Wortspiele, warum sie sich nicht wohlfühle in ihrer Haut, führten uns nicht weiter. Weitere Testergebnisse:

Milz / Pankreas – (Angst vor der Zukunft)
Leber – (Wut)
Dünndarm – (Anpassung)
Blau – (unerreichbar)

Lena meinte zögernd, vielleicht hätte es damit zu tun, daß sie sich in ihrer Klasse als Außenseiterin fühlte und keine richtigen Freunde hatte. Sie war mit einem Streß-Release darüber einverstanden, das sich natürlich nur an der äußersten Oberfläche bewegen konnte und vermutlich auch nicht den Kern des Problems traf, aber eventuell schon etwas Vertrauen schuf für weitere Sitzungen.

Außerdem erhielt ich in dieser 1. Sitzung noch ein paar Angaben zur Lebenssituation:

Lenas Vater war als selbständiger Versicherungskaufmann viel beschäftigt und oft unterwegs, in seiner Freizeit zog er sich gern zurück, war eher ruhig und bedächtig. Lenas Mutter arbeitete halbtags als Krankengymnastin, außerdem versorgte sie Familie und Haushalt und setzte sich in einigen karitativen Organisationen ehrenamtlich ein. Zusätzlich erledigte sie noch stundenweise die Schreibarbeiten und Bankgeschäfte fur ihren Mann. Sie war außerordentlich dynamisch, andererseits klagte sie darüber, daß ihr alle Dinge über den Kopf wuchsen. Geschwister hatte Lena nicht. Sie beschrieb (in Gegenwart ihrer Mutter) ihren Vater als einen lieben Kerl, die Mutter als eine starke Frau. Probleme hätte sie mit den beiden nicht.

Als wir uns 1 Woche später wieder trafen, hatte Lena zwar das Gewicht gehalten, war aber nicht wesentlich gesprächiger als beim ersten Mal. Sie lehnte auch den Vorschlag ab, daß ihre Mutter den Raum verließ, und so blieb Frau B. weiterhin der aktivere Teil von beiden. Es war trotz der vermittelnden Kinesiologie nicht einfach, eine unsichtbare Brücke zu schlagen, über die ich Kontakt zu dem eigentlichen Problem aufnehmen konnte, ich erhoffte mir nur, daß die hinter der Eßstörung liegenden Konflikte auf anderen Wegen doch noch zur Sprache kämen. Diesmal traute ich mich schon einen Schritt weiter vor, im Vertrauen auf die stimmigen Signale aus dem Unterbewußtsein Der Test ergab folgende Stressoren:

Magen – (Leere, Entbehrung)
Gelb – (Leere, Isolation)
Reifungsstufe körperliche Ebene – (Entbehrung)
Erfahrungsbereich Sicherheit – (unwichtig)
Mutter – , 1. Lebensmonat –

Frau B. berichtete dazu, daß sie schon kurz nach der Geburt ihrer Tochter viel arbeiten mußte, da sich ihr Mann gerade selbständig gemacht hatte. Lena „sei so nebenher gelaufen“, sie sei immer sehr pflegeleicht gewesen.

Lena war mit einem Streß-Release einverstanden. Einen Bezug zur Verweigerung des Essens sah ich aus logischem Blickwinkel noch nicht so recht, aber er war ja nicht auszuschließen.

Um Lena aktiver an dem Prozeß zu beteiligen und die kommende Woche zu überbrücken, bat ich sie, ein paar Bilder zu malen, ohne Vorgaben, allerdings sollten Häuser oder Bäume dabei sein.

Drei Tage später erfuhr ich, daß der Hausarzt Lena doch ins Krankenhaus eingewiesen hatte, weil sie ein weiteres halbes Kilo abgenommen hatte. Zunächst war ich enttäuscht, erfuhr dann aber, daß die Ärzte des Krankenhauses dankbar waren, daß wir schon miteinander arbeiteten. Sie beurlaubten Lena für die Zeit der geplanten Sitzungen.

Lena brachte beim nächsten Treffen die Bilder mit. Weiterhin bemühte ich mich, das Thema Essen auszuklammern, und ich spürte, daß Lena dankbar dafür war. Die Mutter berichtete, daß Lena Infusionen bekommen hatte und schon deshalb etwas aß, um wieder aus dem Krankenhaus entlassen zu werden.

Die Bilder zeigten Häuser und Bäume, selbst Unkundige können deren Symbolik nachvollziehen, daß sie Menschen darstellen. Jeweils ein Haus bzw. Baum war derartig überragend und ausladend, daß die anderen in ihren Konturen ausweichen mußten und sich recht kümmerlich daneben ausnahmen. Ich fragte Lena, wem sie diese Häuser und Bäume innerhalb ihrer Familie zuordnen würde. Ohne Zögern war ihr klar, daß der mächtige Baum und das große Haus zu ihrer Mutter gehörten, sich selbst und den Vater identifizierte sie mit den jeweils schmächtigeren.

Frau B. fühlte sich durch diese Interpretation stark betroffen, sie wurde nachdenklich und still. Sie erkannte auf einmal ihre Rolle in der Familie als erdrückend, alles erledigte sie, alles konnte sie, alles schaffte sie. Sie erschrak darüber, wie dominant sie empfunden wurde, obwohl sie allen eigentlich nur helfen wollte, allen etwas Gutes tun wollte. Schließlich war sie aber immer mehr zur großen Macherin geworden, was sie selbst völlig überforderte.

Frau B. war den Tränen nahe. Lena verließ unter dem Vorwand, zur Toilette zu müssen, das Sprechzimmer und setzte sich später ins Wartezimmer. Und ich arbeitete mit Lenas Mutter, die ihre Chance mit beiden Händen ergriff.

Wir führten ihre Überverantwortung auf ihre Kindheit zuruck, wo sie als Älteste von sieben Kindern ihrer kranken Mutter die Aufgaben der Haushaltsführung abnehmen mußte. Sie hatte selbst nie kennengelernt, versorgt zu werden, und dieses Gefuhl wollte sie ihrer eigenen Tochter ersparen. Wir beendeten die einstündige Sitzung mit einem Streß-Release, das mit dem Satz schloß: „Ich brauche die Verantwortung anderer nicht auf mich zu nehmen."

Eine Woche später trafen wir uns erneut, Frau B. fühlte sich befreit und entspannt, Lena freute sich, weil sie aus dem Krankenhaus entlassen war. Der Krankenhausaufenthalt bot jetzt einen willkommenen Anlaß, das lang gemiedene Thema Essen anzusprechen, und Lena zeigte sich auch vorsichtig bereit dazu. Immer klarer konnten wir herausarbeiten, daß Lenas Eßverweigerung ein Protest war, in eine vergleichbare Rolle hineinzuwachsen wie ihre Mutter. Sie wollte weder deren Aktionismus noch deren Gefühl nacheifern, für alles in der Welt ver-

antwortlich zu sein. Lena wurde immer offener, die Augen waren zum ersten Mal seit langem lebendig. Sie meinte, sie bräuchte nicht mehr zu mir zu kommen, außerdem habe sie immer den Verdacht gehabt, daß es letztlich doch um das Essen ging, aber ich sei ihr wenigstens nicht dauernd damit auf die Nerven gegangen. Sie würde aber gern auf meine Hilfe zurückgreifen, wenn es mal nötig ist.
Ich habe nie erwartet, daß damit die Behandlung einer anorektischen Phase beendet sein sollte. Aber es war so. Die Bereitschqft der Mutter, ihren eigenen Anteil zu bearbeiten, die Kooperationsbereitschaft des Krankenhauses, der Behandlungsbeginn noch im Anfangsstadium der Störung und vermutlich auch die dezente Führung des Muskeltests haben dazu beigetragen, daß dieses Problem anhaltend überwunden wurde.
Ein halbes Jahr später bekam ich von Frau B. ein Foto von einem wohlproportionierten jungen Mädchen mit strahlenden Augen: Lena!
Frau B. hielt noch einige Jahre Kontakt zu unserer Fortbildungsarbeit, und solange ich von ihr gehört habe, war Lenas Eßverhalten normal.

Dieses Beispiel ist ein absoluter Glücksfall. Da ich die Risiken der Magersucht kenne, war ich dankbar für die Entlastung, die mir die stationäre Aufnahme ins Krankenhaus und die Kooperationsbereitschaft bot. Ich weiß diesen Erfolg zu schätzen, insbesondere, weil ich mit etlichen Erwachsenen gearbeitet habe, die unter Eßstörungen litten, und in fast allen Fällen war eine langfristige, intensive Begleitung nötig, um sich von diesem Lebensmuster endgültig zu trennen.

Wege aus dem Chaos

Monika D. stand kurz vor einem psychischen Zusammenbruch, als sie ihren ersten Termin bei mir hatte. Sie fühlte sich in verzweifelter Ausweglosigkeit, sah nur Pflichten und Verantwortung um sich herum, war überfordert bis zum Umfallen. Zusätzlich machten ihr Rückenschmerzen, Nackenverspannungen und heftigste Magenschmerzen das Leben zur Hölle.
Sie leitete parallel zwei Einzelhandelsgeschäfte, in denen es häufig zu Kompetenzgerangel und Hinterhältigkeiten kam, ohne ihre Kontrolle ging alles schief, sie verlor Kunden, wurde von Mitarbeitern bestohlen. Nebenher verwaltete sie zwei Mietshäuser, die ihr Mann geerbt hatte und in denen ständig Reparaturen und Auseinandersetzungen mit Mietparteien anfielen. Sie war natürlich diejenige, die den gesam-

ten Haushalt versorgte, ihr Mann stellte darin hohe Ansprüche. Er trug sie auf Händen, aber dafür mußte auch alles so laufen, wie er sich das vorstellte. Außerdem lebte ihr 29jähriger Sohn nach seiner Scheidung wieder bei den Eltem und erwartete finanzielle und menschliche Unterstützung. Er war spielsüchtig und arbeitslos und hatte ständig Streit mit dem Vater, den die Mutter zu schlichten versuchte. Überall fühlte Frau D. sich zwischen den Fronten, jeder erwartete alles von ihr.

In so stürmischer See ist Tauchen nicht angesagt, und so ging es bei Frau D. zunächst nicht darum, Ursachen aufzudecken und Muster zu verfolgen – was in diesem Zustand auch gar nicht möglich gewesen wäre. „Erste Hilfe" war nötig. Ich verzichtete auf Erklärungen und Demonstrationen der Kinesiologie, verzichtete auf die Leitschienen der Stressoren. Ich bot ihr einfach an, sich auf die Liege zu legen und ihr meine Hand auf die Stirn zu legen als Hilfe zur inneren Stabilisierung, während sie mir weiter all ihre Sorgen und Nöte erzählen sollte, in allen Facetten, allen Ängsten, aller Ausweglosigkeit.

Sie war einverstanden, ihr Leidensdruck war stärker als jegliche Neugier oder Skepsis. Ich legte meine Hand über die Streßpunkte, sie ließ ihren Worten und Klagen freien Lauf. Nach einigen Minuten erschöpfte sich das Thema, sie wurde ruhig, sprach nur noch wenig, später gar nicht mehr, sondern genoß die Stille, die in ihrem Kopf einkehrte. Entspannt lag sie nach dem Streß-Release noch 20 Minuten, danach fühlte sie sich gestärkt und wesentlich zuversichtlicher. Da aber die Angst groß war, sich schnell wieder in diesem Alltag zu verlieren, vereinbarten wir den nächsten Termin schon zwei Wochen später.

Als wir uns wiedersahen, hatte sich tatsächlich einiges beruhigt, sie konnte etwas gelassener an ihre Aufgaben herangehen, sah aber durch den vergrößerten Abstand zum erstenmal die enorme Fülle ihrer Pflichten, die sie zunächst alle als selbstverständlich angenommen hatte. Erstmals nach Jahren verspürte sie den konkreten Wunsch, etwas in ihrem Leben zu verändern.

Es stellte sich die Frage, warum sie sich so unendlich viel auflud, obwohl das wirtschaftlich überhaupt nicht nötig war. Für alles und jeden fühlte sie sich verantwortlich, und solange sie sich davon nicht freimachte, konnte sie auch keinen der Bereiche delegieren.

Wir begaben uns diesmal auf Tauchstation mit der Stressorsuche – diesmal natürlich nach allen nötigen Erklärungen und Demonstrationen für den Verstand.

Magen – (Entbehrung)

Dreifacher Erwärmer – (Verzweiflung)
Reifungsstufe körperliche Ebene – (Entbehrung)
Rot - (bedroht – Frau D. trug fast ausschließlich rote Kleidung!)
Gefühlsausdruck: überlastet –
Lebensalter vorgeburtlich –
Mutter – , Bruder –

Sie erzählte dazu, daß sie als ungeplantes Mittelkind eines Unternehmerehepaars geboren wurde, und zwar als Zwilling. Ihr Zwillingsbruder hatte sich normal entwickelt, sie dagegen war schwer retardiert mit 1 kg Geburtsgewicht zur Welt gekommen.

Von Beginn ihres Lebens lernte sie, Rücksicht zu nehmen auf ihre insgesamt drei Brüder und die berufstätigen Eltern, sehr früh mußte sie Pflichten im Haus für alle anderen übernehmen. Der Vater kümmerte sich kaum um die Familie, immer wieder demütigte er die Mutter vor den Kindern mit verächtlichen Worten, besonders litt sie durch seine außerehelichen Beziehungen, in denen er auch das gemeinsame Geld durchbrachte.

Monika D. stellte sich vor, daß sie vielleicht schon vom Mutterleib an um ihre Existenz hatte kämpfen und ihre Daseinsberechtigung beweisen müssen. Beim Streß-Release brach sie in Tränen aus, sie spürte, daß sie sich immer bedrängt und bedroht gefühlt hatte, daß sie immer einen aussichtslosen Kampf geführt hatte.

Wir trafen uns zwei weitere Male im Abstand von jeweils 4 Wochen, in denen Frau D. berichtete, daß es deutlich aufwärts ging. Sie konnte sich immer besser durchsetzen, besonders im Beruf. Ihr Sohn würde sie weiterhin aussaugen, aber sie wollte ihn keinesfalls verletzten oder zurückweisen, deshalb akzeptierte sie sein Verhalten. Probleme entwickelten sich dagegen zunehmend mit ihrem Mann. Seit sie eigene Wünsche äußerte, trug er sie nicht mehr auf Händen, sondern setzte sie sehr offensichtlich unter Druck.

Wir verfolgten die Themen in diesen beiden Sitzungen nicht in die Tiefe, sondern waren uns einig, daß sich die neu erworbene Lebenssicht erst noch stabilisieren mußte, bevor schon wieder Neues auf sie zu kam. Ein „oberflächliches" Streß-Release über die aktuelle Situation sollte sie jedoch für die kommenden Aufgaben stärken.

Beim folgenden Termin 6 Wochen später ging es ihr wieder sehr schlecht. Seit über einem Monat schleppte sie eine Bronchitis mit sich herum, sie fühlte sich krank und elend. Ihr Ehemann wurde allmählich zum Despoten, sie hatte zu folgen, oder er machte ihr das Leben zur

Hölle mit demütigenden Beschimpfungen und Drohungen. Eine Trennung wollte sie nicht, eigentlich sei er ja ein guter Kerl, er kenne es eben nicht, daß ihm widersprochen wird oder daß sie einen eigenen Weg geht. An Bagatellen entbrannte jetzt jederzeit ein tagelanger Streit.
Der Test zeigte eine Schwäche der Alarmpunkte

Thymus – (Lebensbejahung)
Bronchien – (Geringschätzung, (In)Toleranz)
Blase – (Harmonie, Vertrauen, Mut)
Blau – (Vertrauen, selbstgerecht)
Reifungsstufe persönliche Ebene – (Selbstbewußtsein)
Ehemann –, Gegenwart –
Vergangenheit – (5. Lebensjahr), Vater –

Monika D. sah, daß sich hier ein altes Muster wiederholte, wie sie es bei ihren Eltern erlebt hatte. Der Vater hatte die Mutter immer wieder verächtlich behandelt, war selbstherrlich aufgetreten. Jetzt fühlte sie sich in derselben Lage wie ihre Mutter, wobei ihr durch deren vorgelebte Schwäche und Ohnmacht jetzt Vertrauen und Mut fehlten, selbstbewußt für sich einzutreten.
Wir lösten diese innere Bindung über ein Streß-Release, am Ende blieb der Arm stark bei dem Satz: „Ich traue mich, mein Leben selbstbewußt in die Hand zu nehmen."
Langsam, in kleinen Schritten, errang Frau D. immer ein Stück mehr Selbstvertrauen, ein bißchen mehr Sicherheit, eigene Bedürfnisse zu vertreten. Immer wieder gab es natürlich auch, wie in jedem Leben, scheinbare Rückschritte oder das Gefühl der Stagnation, die Klärungen und Entscheidungen sind auch jetzt noch nicht abgeschlossen. Monika D. ist dankbar, daß sie es wagt, immer mehr sich selbst zu vertrauen und nach eigenen Vorstellungen zu handeln. Die Konflikte, die ihr neues Verhalten mit den Menschen ihrer Umgebung jetzt offen heraufbeschwört, begeistern sie nicht, aber sie sieht sie als notwendige Entwicklungsstufe an. Sie hat eine ganze Reihe von Pflichten und Beziehungen in Frage gestellt und neu geordnet. Die Lasten sind dadurch deutlich weniger geworden, so daß sie sich zur Zeit auf die Klärung wesentlicher Probleme konzentrieren kann, nämlich eine Lösung zu finden für das Verhältnis zu ihrem Mann und zu ihrem Sohn. Niemand kann sagen, wie diese Lösung aussehen wird, es braucht seine Zeit, um echte Entscheidungen reifen zu lassen und diese nicht übers Knie zu brechen. Hierbei jedoch nicht abgelenkt zu sein von tausenderlei Nebenkriegsschauplätzen, das bedeutet schon die erste Entlastung.

Wir sehen uns nur noch sporadisch. Frau D. weiß, worum es in ihrem Leben geht, und sie weiß, wo sie Hilfe finden kann, wenn die eigene Orientierung mal wieder verschleiert ist.

Geheimsache?

Ein junger katholischer Geistlicher litt unter anhaltenden Magenschmerzen, nach klinischer Untersuchung lag eine schwere Schleimhautentzündung vor. Der emotionale Modus wies auf eine psychische Ursache hin.
Ihm fiel es zunächst nicht leicht, sich unbefangen in einem Gespräch zu öffnen. Ich bot ihm an, mit ihm einzelne Stressoren auszutesten, damit er Anhaltspunkte zur eigenen Orientierung bekam, ohne daß er sich zu ihnen äußern mußte.
Testbefund: Magen – (Kritik, Enttäuschung)
Blau – (konservativ)
Ideelle Lebensebene – (verachtend)
Zeitschiene: Gegenwart – , Zukunft –
Umfeld: Beruf –
Für ein effektives Streß-Release ist es nicht unbedingt erforderlich, als Therapeut alle Zusammenhänge zu kennen, obwohl dies die Hinführung zum Kern erheblich erleichtert. Deshalb konnte ich ihn auch gut in seiner Zurückhaltung gewähren lassen. Er sollte nur signalisteren, wenn ihm aus den Stressoren der Bezug klar würde. Ich führte schließlich ein Streß-Release durch, ohne zu wissen, um was es dabei ging. Der Nachtest ergab, daß jetzt die früheren Stressoren stark blieben, ich wollte ihn damit entlassen.
Daraufhin war der junge Priester sehr angerührt und erzählte mir doch noch, um was es sich gehandelt hatte: Er empfand sich in seinem Glauben und seiner Berufung als sehr traditionsgebunden und konservativ. Dies wollte er leben und lehren, er wurde darin von vielen Gemeindemitgliedern bestätigt, stieß aber auch auf etliche Widerstände, besonders von ranghöheren Geistlichen, die sich bemühten, sich moderneren Strömungen in der Kirche zu öffnen. Er fühlte sich besonders aufgrund seines jungen Alters nicht berechtigt, seiner Überzeugung frei nachzugehen und diese selbstbewußt zu vertreten, und so hatte er zeitweise eine Pseudooffenheit demonstriert, die ihm aber eigentlich nicht entsprach. Nun spürte er nach dem Gespräch ein Gefühl der Erleichterung, er wollte erst einmal abwarten und sich vielleicht wieder melden.

Ich schwankte zwischen einer gewissen Befangenheit und der Freude darüber, daß er sich mir als Frau und Nichtkatholikin anvertraut hatte.
Viele Monate später rief er mich an, um Hilfe für einen Freund zu erbitten. Voll Freude berichtete er mir, daß vom Tag unserer Begegnung an die Magenschmerzen verschwunden waren und daß er seinen Weg in seinem Amt gefunden hatte und vertreten konnte.

Hartnäckige Körpersignale

Während eines unserer Seminare über Farblichttherapie wurde ich von einem Teilnehmer gebeten, ob er am folgenden Tag seine Ehefrau zur Behandlung mitbringen dürfte, sozusagen als Demonstrationsfall. Als Gabriele H. am nächsten Tag den Raum betrat, spürte jeder, daß ihr Mann sie eher übrredet als überzeugt hatte. Sie litt unter extremen Schmerzen im Nacken, konnte den Kopf nur wenige Zentimeter drehen oder neigen, insgesamt wirkte sie leidend, verbittert, verschlossen. Wir konnten ihr durch die Farblichtbehandlung spontan etwas Linderung verschaffen, am 3. Seminartag ließ sie durch ihren Mann ausrichten, daß sie seit Monaten erstmals durchgeschlafen hatte.
Kurze Zeit später bat Frau H. um einen Behandlungstermin. Sie hatte durch den flüchtigen Erfolg Hoffnung geschöpft und wollte die Gelegenheit aufgreifen. Sie erzählte, daß sie seit 20 Jahren unter Beschwerden der Halswirbelsäule litt, immer wieder machte ihr ein Bandscheibenvorfall dort zu schaffen, jetzt seit einigen Wochen ganz massiv. Alle konventionellen Therapien hatten bislang versagt, Schmerzmittel linderten nur in hoher Dosis für wenige Stunden, es war kaum zum Aushalten.
Der Test wies auf eine Störung des 3. und 4. Halswirbels hin, was sie aus den orthopädischen Befunden bestätigte, der Modus war rein emotional.
Die Lebenssituation: Vor 22 Jahren hatte sie geheiratet, ihr Mann war jetzt Chefarzt einer kleinen chirurgischen Klinik, sie selbst arbeitete als angestellte Anwältin in einer Kanzlei. Vor 20 Jahren hatte sich ihr Mann seinen Lebenstraum erfüllt, ein großes, altes bäuerliches Anwesen zu kaufen, das er in Eigenarbeit ausbauen wollte. Beruf und ehrenamtliche Verpflichtungen ließen das neue Zuhause jedoch zu einer Dauerbaustelle ausarten, an der nie ein Teil wirklich fertig wurde. Gabriele H. blieb neben ihrem Vollzeitberuf die Versorgung von Haus

und Hof sowie Familie. Eine Haushaltshilfe lehnte ihr Mann rigoros ab, da er keine fremden Personen in seinem Privatbereich duldete.
Zur Familie gehörten noch drei halbwüchsige Söhne und Eltern beider Ehepartner, die immer wieder mitbetreut werden wollten. Zu ihrer Mutter hatte Frau H. ein sehr belastetes Verhältnis, sie war immer leidend und forderte von allen Rücksicht („Mutter stirbt seit 30 Jahren, und ich soll mich wegen meiner Schmerzen nicht so anstellen"). Ihr Vater brachte sich durch seine aufbrausende Art immer wieder in alle möglichen Schwierigkeiten, für die sie letztendlich mit geradestehen sollte.
Ihre Schwiegereltern und die gesamte Familie des Ehemannes akzeptierten Gabriele H. überhaupt nicht in ihren Reihen, und oft genug schlug sich Herr H. auf die Seite seiner Eltern.
Wir vertieften die Bedeutung der Nackenbeschwerden, die Region der Halswirbelsäule weist bei Problemen auf eine Überlastung hin (zu vieles liegt auf der Schulter), ebenso auf das Unterdrücken eigener Bedürfnisse. Weitere Stressoren:

Leber – (Wut, Empörung, Ablehnung)
Niere – (loyal)
Gegenwart –, Vergangenheit – (4. Lebensjahr)
Mutter –, Ehemann –

Frau H. stimmte den genannten Emotionen zu, sie sah, daß sie in ihrem Leben nie zu ihrem Recht gekommen war, hatte immer zurückstekken müssen bis zum heutigen Tag. Im Streß-Release konnten endlich die ungeweinten Tränen fließen.
Im vereinbarten Telefongespräch eine Woche später berichtete sie, daß die Schmerzen im Nacken deutlich nachgelassen hätten, sie konnte den Kopf schon freier bewegen, endlich schlug auch die Krankengymnastik effektiv an, sie wollte erst einmal so weitermachen.
Zwei Monate später trafen wir uns zu einem Gespräch. Sie erzählte mir, wie ihr mit einem Male klar geworden war, was sie sich da über Jahre hinweg hatte zumuten lassen. Sie hatte jetzt allmählich angefangen, Grenzen zu setzen und für sich selbst einzutreten. Sie stieß damit zwar auf erhebliche Widerstände, aber schlimmer als die Situation vorher war das alles auch nicht. Test und Streß-Release standen für diese Sitzung nicht an. Frau H. reichte eine gemeinsam erarbeitete Standortbestimmung.
Nach weiteren drei Monaten kam es noch einmal zu einem Einbruch, den wir gemeinsam bearbeiteten. Ihr Vater war durch eine selbst inszenierte Prügelei mit Nachbarn im Krankenhaus gelandet und erwartete, von seiner Tochter angemessen versorgt zu werden. Sie fuhr so oft

wie möglich zu ihm, obwohl ihre Zeit sehr knapp bemessen war. Jedesmal fuhr sie enttäuscht und tief getroffen nach Hause, weil ihm nichts gut genug war. Inzwischen hatte sie so heftige Magenschmerzen, daß sie ein Geschwür befürchtete.
Das Testergebnis:

Magen – (Kritik, Enttäuschung)
Blau – (unerreichbar, selbstgerecht)
sonstige Stressoren: abgelehnt, Vater –, Ehemann –
5. Lebensjahr –

Ihr wurde noch einmal schmerzhaft bewußt, wie sehr sie sich immer bemüht hatte, den Anforderungen des Vaters (und des Ehemanns) gerecht zu werden, daß aber nie etwas gut genug war. (Übrigens waren zu dem Zeitpunkt die Wirbelkörper im Test stabil, die HWS-Beschwerden waren so gut wie verschwunden.)
Zwei Jahre (!) später sahen wir uns wieder. Ich hätte Gabriele H. auf der Straße kaum wiedererkannt, mir stand eine selbstbewußte, offene, fröhlich strahlende Frau gegenüber! Fasziniert hörte ich ihren weiteren Weg, den sie sich Schritt für Schritt erarbeitet hatte. Sie hatte nichts weiter getan. als konsequent das umzusetzen. was ihr durch unsere Sitzungen und die Lektüre einiger hilfreicher Bücher bewußt geworden war. Mit Mut und Ausdauer war sie immer wieder für sich eingetreten, auch gegen den Widerstand ihres Mannes. Mit ihren Eltern hatte sie sich ausgesöhnt, die Mutter war inzwischen verstorben, der Vater war auf eigenen Wunsch in ein Seniorenheim gezogen, wo sie ihn hin und wieder besuchte oder ihn zu sich nach Hause holte. Sie setzte die Grenzen und entschied, ob sie ihn bei sich haben konnte. Ihr Mann hatte, da sie die Übernahme dieser Verpflichtung verweigerte, seine Pferde in einen Reitstall gegeben und eine Haushaltshilfe akzeptiert. Gabriele H. stand bewußt zu dem, was ihr wichtig war, immer jedoch mit der Rücksicht, niemanden anderes willkürlich zu verletzen. Sie wirkte jünger und lebendiger als vor zwei Jahren. Der Anlaß ihres Besuches bei mir war nur der Wunsch nach einem Feedback, wieder einer Art Standortbestimmung. Meinerseits blieb nichts hinzuzufügen.

Das lange Körpergedächtnis

Magda S. litt unter immer wiederkehrenden Herzbeschwerden. Sie war bei unserer ersten Begegnung Anfang 50, hatte sich in ihrem Leben durchbeißen und viel arbeiten müssen, ohne dabei zu verhärten. Sie war eine offene und lebenskluge Frau.

Frau S. beobachtete eigenartige Zusammenhänge für ihre Herzbeschwerden. Sie beschrieb klassische Stenokardien (Schmerzen durch Verkrampfen der Herzkranzgefäße), die jedoch ausschließlich bei kalter Witterung oder bei extremer Aufregung auftraten. Durch körperliche Anstrengung waren diese Schmerzen nicht zu provozieren, allerdings besserten sie sich bei Gabe von Nitroglyzerin, was schon für eine organigche Reaktion sprach. Die klinischen Untersuchungen einschließlich einer Koronarangiographie zeigten keine Engstellen in den Blutgefäßen.

Der Test wies auf eine ausschließlich emotionale Ursache hin, über das psychologische Puzzle wurden wir zur Geburt geführt, Personen waren keine Stressoren. Eigenartigerweise war keine einzige Organemotion bezüglich des Herzens schwach, über die Farbe Blau erfuhren wir noch den Begriff „Kälte", über die Stressorlisten den Hinweis auf „feindselig".

Wir fühlten uns zunächst verwirrt und konnten keinen logischen Zusammenhang entdecken. Sie ließ die Begriffe eine Weile auf sich wirken und kam schließlich zu der vagen Vermutung, daß es etwas mit den Umständen ihrer Geburt zu tun haben könnte. Kurz vor ihrer Geburt war ihr Elternhaus durch einen Bombenangriff zerstört worden, die Mutter versuchte noch einige Habseligkeiten aus den Trümmern zu retten, als die Geburt einsetzte. Es war an einem eiskalten Januartag in einer offenen Ruine, ihre Mutter hatte einen kurzen Schwächeanfall erlitten, Mutter und Kind waren später von einer Tante in den eisigen Räumen gefunden worden.

Ich konnte mir schwer vorstellen, hieraus einen Zusammenhang mit den heutigen Herzbeschwerden zu konstruieren, aber da ein Streß-Release keinen Schaden anrichten kann, entschlossen wir uns zu diesem Schritt. Das Unglaubliche geschah: Magda S. hatte seitdem nie wieder Herzbeschwerden bei Kälteexposition oder Aufregung!

Vom Nutzen der Migräne

Petra K. suchte mich wegen jahrzehntelanger Migräne auf. Sie hatte schon einiges an Therapieversuchen, konventionell und naturheilkundlich, hinter sich und bekam derzeit von ihrem Hausarzt ein noch nicht zugelassenes Medikament, das sie jedoch nicht gut vertrug. Sie hatte bereits externe Störfelder behoben und die Zähne sanieren lassen, wodurch die Migräne schon seltener auftrat, aber immerhin noch an mehreren Tagen pro Woche. Schließlich hatte sie ausreichend Vertrauen gefaßt, sich auf die Bearbeitung der psychischen Hintergründe einzulassen.

Zur Lebensgeschichte: Frau K. war seit 25 Jahren mit einem selbständigen Unternehmer verheiratet und betreute Haus und Familie sowie viele Geschäftsgäste, außerdem arbeitete sie stundenweise im Büro ihres Mannes mit. Sie fühlte sich sehr zufrieden und glücklich, ihren Mann beschrieb sie als äußerst liebevoll und dynamisch, die Beziehung als gut, Probleme gäbe es nicht.

Die Tegtergebnisse:

Kreislauf / Sexus – (Entspannung, stur)
Magen – (Einfühlungsvermögen)
Konzeptionsgefaß – (Selbstachtung)
Rot – (Sexualität, Aggression)
Beziehungsebene – (Respekt)
Vergangenheit –, Gegenwart – , Ehemann –
Unverstanden –

Petra K. ließ die Begriffe lange auf sich wirken, und allmählich stieg in ihr eine Ahnung auf, die eine sinnvolle Verbindung zwischen allem herstellte:

Sie liebte ihren Mann sehr und war sehr glücklich, daß sie für ihn noch ebenso attraktiv war wie zu Beginn ihrer Ehe. Da sie ihn nicht verletzen wollte, fügte sie sich seit Jahren sexuellen Wünschen, die nicht ihrem Bedürfnis entsprachen. Ihr Mann war sexuell sehr aktiv, und sie konnte sich schwer mit der Häufigkeit seiner Annäherung arrangieren, ebenso wie mit einigen seiner Praktiken. Ihr wurde mit einemmal klar, daß die Migräne ein willkommener Anlaß war, sich hin und wieder seiner Werbung zu entziehen.

Was konnte nach dieser Erkenntnis der weitere Behandlungsweg, das Ziel unserer Arbeit sein? – Sich den Wünschen ihres Mannes anzupassen, daß sie denselben Spaß an der Sexualität empfand wie er? – Selbstbewußt für eine Sexualität einzutreten, wie sie ihren Bedürfnissen entsprach? – Oder beides? – Oder noch etwas anderes?

Ich möchte Sie nicht mit einer Aufzählung aller Stressoren unserer folgenden Sitzungen langweilen und beschränke mich auf den wesentlichen Überblick der Entwicklung.

Der erste Zugang zu einer vertiefenden Arbeit war die Erkenntnis, daß trotz einer liebevollen und anziehenden Partnerschaft „etwas nicht stimmte“, daß die Kopfschmerzen sogar in gewisser Weise einen guten Zweck zu ihrem Schutz erfüllten. Das erste Streß-Release über die oben

angesprochene Situation führte zunächst nur dazu, daß sie sich selbst die Migräne als Fluchtreaktion zugestand, da sie vorerst noch keinen gangbaren Weg vor Augen hatte.
Der nächste Schritt war die Einsicht, daß sie mit einer äußerst prüden Sexualerziehung aufgewachsen war, nie geschlechtliche Beziehungen zu einem anderen Mann gehabt hatte, sich nur an Strafandrohungen ihrer Eltern erinnerte, falls sie schwanger würde. Ihre Mutter hatte ihr das Bild vermittelt, „eine Frau müsse das nun mal über sich ergehen lassen". Dann war mit ihrem Mann ein feuriger und phantasiereicher Liebhaber in ihr Leben getreten, sie wurde mit einer Fülle sexueller Neigungen konfrontiert, die ihr in der Praxis fremd waren. Die Darstellungen in Presse und Literatur ließen in ihr jedoch die Überzeugung wachsen, daß sie „verkorkst" sei, da sie den Idealen nicht entsprach. Zwischen diesen beiden Polen schwankte sie und fand dazwischen keine Gelegenheit, eigenen Vorstellungen und Bedürfnissen nachzuspüren.
Ein Streß-Release über diese unüberbrückbar scheinende Spanne verschaffte ihr Zugang zum eigenen Körper, zum Empfinden eigener Lust oder Ablehnung. Sie begann zu fühlen, ob ihr selbst nach Sexualität zumute war, ob sie keine Lust empfand, oder ob sie kompromißbereit auf ihren Mann eingehen konnte.
Damit war der nächste Konflikt zur Bearbeitung freigegeben. Von dem Augenblick an, als sie eigene Bedürfnisse wiederentdeckt hatte, kam es zu Auseinandersetzungen zwischen beiden Partnern. Ihr Mann fühlte sich zurückgestoßen und abgelehnt, eine offene Krise bahnte sich an. Petra K. bekam Angst, ihre Beziehung aufs Spiel zu setzen, fühlte sich aber andererseits nicht mehr in der Lage, ihre eigenen Empfindungen ständig zurückzustellen. Die Migräne trat inzwischen jedoch wesentlich seltener auf als zuvor!
Dieser Konflikt führte in die Tiefe des Themas Selbstachtung, Selbstbewußtsein, Selbstvertrauen und damit in die frühe Kindheit. Ihr war nie zugestanden worden, eine eigene Meinung zu haben oder eigene Wünsche zu äußern, Ablehnung und Strafe war damals die Folge. Wir konnten auch diese alte Verbindung über Streß-Release ablösen. Frau K. gelang es daraufhin immer besser, ohne zu verletzen oder sich verletzt zu fühlen, ihren eigenen Standpunkt zu vertreten. Mit großer Beharrlichkeit arbeitete sie an ihren persönlichen Schwierigkeiten und ihrer Partnerschaft, ihr Mann zog zwar nicht aktiv mit, stellte sich aber allmählich auf Veränderungen in der Beziehung ein.
Insgesamt zwei Jahre durfte ich Petra K. auf ihrem Weg begleiten, alle

4 – 6 Wochen haben wir uns getroffen. Als sie sich schließlich verabschiedete, weil sie sich in der Lage sah, den Weg allein weiterzugehen, hatte sich ihr Leben spürbar geändert:
Ihre Partnerschaft war direkter geworden und hatte deutlich an Spannung zugenommen, im doppelten Sinn. Sie war nicht mehr die bequeme Haushälterin und Geliebte, sondern eine reife und attraktive, selbstbewußte Frau. Beide Partner empfanden ihre Ehe als frischer und schöner als vorher, allerdings schränkte der Ehemann ein, daß früher einiges unkomplizierter für ihn war, dennoch wollte er nicht mehr tauschen.
Das Thema Sexualität blieb weiterhin eine Herausforderung, ehrliche Lösungen zu finden. Herr K. wurde im Laufe der Monate klar, daß er die Sexualität oft nur als Kompensation für beruflichen Streß benutzt hatte, dadurch traf es ihn weniger, wenn seine Frau kein Bedürfnis verspürte. Andererseits gingen seine Vorstellungen und Wünsche weiterhin nicht immer konform mit denen seiner Frau. Sie hatte inzwischen gelernt, Körperlichkeit zu genießen, auch schon mal Entgegenkommen zu zeigen, ohne sich übervorteilt oder ausgenutzt zu fühlen. Das feine Spiel zwischen Werben, Annähern und Zurückweisen wurde von beiden nicht mehr mit persönlicher Kränkung verknüpft, so daß sie sich unbefangener spontanen Empfindungen stellen konnten. Sie hatten beide gelernt, sich selbst und dem anderen gegenüber offen und ehrlich zu sein, gleichzeitig aber auch den anderen in seinen kontroversen Gefühlen zu akzeptieren.
Petra K. nahm seit Beginn ihrer psychischen Aufarbeitung keine starken Medikamente mehr gegen die Migräne, trotzdem wurden die Anfälle immer seltener, und als wir uns trennten, hatte sie etwa 1 – 2 Tage im Monat Kopfschmerzen, die sie im Vergleich zu früher durchaus vertretbar fand.

Kurz und bündig

Die Heilungsgeschichten über die Psyche ließen sich seitenweise fortsetzen. Es ist noch nicht einmal möglich, in diesem Rahmen auch nur so viele zu schildern, daß Sie einen Eindruck der Bandbreite bekommen. Aber ich stelle Ihnen zum Schluß dieses Kapitels in Kurzform noch einige Fälle vor, die Ihnen das Spektrum und die Vielfältigkeit vorführen:

Eine junge Mutter kam ein halbes Jahr nach der Entbindung in Behandlung wegen einer anhaltenden Depression, die als Wochenbettpsychose eingeordnet wurde. Wir konnten das Trauma aufdecken, daß sie selbst als Kind unerwünscht war und ihre Mutter zu ihr nach der Geburt keinen Kontakt aufnehmen konnte, so daß sie von einer Pflegerin versorgt wurde. Ein Streß-Release half ihr, einen ersten Schritt aus der Depression zu tun, sich wieder aktiv auf ihr Leben einzulassen und in einer Sequenz mehrerer Sitzungen ihre Problematik zu bearbeiten.

Ein selbständiger Kaufmann mittleren Alters litt unter schwerem Bronchialasthma, das schon durch ausleitende Maßnahmen gebessert war, aber nicht geheilt. Er hatte sehr unter seiner dominanten Mutter gelitten und sich eine ebensolche Ehefrau gewählt, traute sich nicht, eigene Ansprüche anzumelden, geschweige durchzusetzen. Wir trafen uns innerhalb eines halben Jahres fünfmal, bis er den Weg zu einem befreiten Selbstausdruck und einem ehrlichen Umgang in seiner Partnerschaft gefunden hatte. Asthmamedikamente hat er seitdem nie wieder benötigt.

Eine Patientin kam mit funktionellen Herzbeschwerden und einer Herzphobie, d. h., sie hatte ständig Angst, ihr Herz könnte aufhören zu schlagen. Sie klammerte sich ängstlich an jeden Therapeuten, sowohl für sich wie auch für ihren Sohn, um den sie sich ständig sorgte. Sie verbrachte den größten Teil ihrer Zeit in Warte- und Behandlungszimmern von Ärzten aller Fachrichtungen. – Wir sahen uns anfangs alle 2 Wochen, wobei wir ihre Erfahrung bearbeiteten, daß ihre Mutter immer damit gedroht hatte, sie werde noch wegen der Ungezogenheit ihrer Tochter ins Grab kommen. Seit dem Herztod der Mutter quälten die Patientin Schuldgefühle.
Nach der ersten akuten Behandlungsphase sahen wir uns in immer größeren Abständen, mehr als 10 Sitzungen sind es insgesamt nicht gewesen. Heute ist die Patientin selbständig und nicht mehr ängstlich an Körperempfindungen fixiert. Sie hat seit 3 Jahren weder für sich, noch für ihren Sohn einen Arzt aufgesucht, hilft sich und ihrer Familie mit Hausmitteln, geht selbstbewußt ihren Weg.

Verena war durch die Medizin in die diagnostische Schublade „minimal cerebral disease" (sogenannte leichte Hirnleistungsstörung, bei der die Lernfähigkeit eingeschränkt ist) geraten mit dem Etikett „unheilbar". Im Laufe von zwei Sitzungen wurde deutlich, daß Verena zu-

nehmend diese Etikettierung erfüllte, weil die Autorität der Medizin ihr das vorgab. Nach entsprechendem Streß-Release konnte sie allmählich ihre inneren Selbstbeschränkungen abbauen, ihre Stärken und Schwächen als individuelle Veranlagung ohne die Kategorie „krank" annehmen und zunehmende Sicherheit und Selbstbewußtsein entwikkeln, wodurch ein Feedback verbesserter Leistungen möglich wurde.

Eine Patientin, Mutter von drei kleinen Kindern, behandelte ich über einen längeren Zeitraum wegen extremer Angste und Selbstunsicherheit. Ich lernte sie als verschüchtertes, unscheinbares Wesen kennen. Eine vorübergehende „Abhängigkeit" von der Arbeit mit der Kinesiologie und unseren Sitzungen im Abstand von 3 – 4 Wochen halfen ihr, einen jahrelangen widerwärtigen sexuellen Mißbrauch, bewußt von der Mutter toleriert und offensichtlich sogar genossen, zu überwinden und immer mehr ja zu sich selbst zu sagen.
Inzwischen ist sie eine selbstbewußte Frau, äußerlich attraktiv und lebendig, innerlich bereit, sich den Problemen des Lebens zu stellen, auf eigenen Beinen einen eigenen Weg zu gehen. „Patientin" ist sie schon lange nicht mehr, und wenn ich sporadisch von ihr höre, dann besteht ihr Leben zwar nicht nur aus Sonnenschein, aber sie ist durchaus in der Lage, ihre Herausforderungen zu meistern und gestärkt aus ihnen hervorzugehen.

Diese Therapiegeschichten zeigen Ihnen einen kleinen Ausschnitt aus der Bandbreite psychologischer Arbeit mit der Kinesiologie. Möge es Sie ermutigen, selbst-bewußt auch unkonventionelle Wege zu gehen, um Hilfen zu suchen oder anzubieten – Sie wissen doch: Nur wer gegen den Strom schwimmt, kommt zur Quelle.
Vielleicht darf Ihnen die Kinesiologie dazu ein Begleiter sein, um zu den Wurzeln des wahren Ich vorzustoßen. Vielleicht hilft sie Ihnen, um zu dem Bild im Anfangskapitel zurückzukehren, Ihr Lebensauto aus dem Garagendasein zu befreien und mit ihm die spannende Reise anzutreten, das eigene Potential mit Körper, Psyche und Geist zu erkunden und es in Liebe und Autonomie zu entfalten.
Zum Abschied möchte ich Ihnen eine Geschichte aus dem Indischen erzählen (Muktananda Paramahamsa):

Der Schlüssel

Vor Anbeginn der Schöpfung war nur Gott. Das war für ihn langweilig. Aufgrund seiner Allmacht erschuf er also die Welt aus sich selbst heraus, um damit spielen zu können. Die Wesen, die er dabei erschuf, kannten indessen ihre Herkunft und wußten daher den Weg zurück. Sie fanden die Welt nicht sonderlich interessant und kehrten alle zurück in den Himmel zu Gott, der damit nicht besser dran war als zuvor.
Schließlich berief Gott eine Konferenz aller Götter ein, die er erschaffen hatte, damit sie ihm bei der Regierung der Welt behilflich wären. Diese schlugen nun vor, den Himmel abzuschließen und den Schlüssel gut zu verstecken.
Der Gedanke erschien vorzüglich, nur konnte man sich schwer einigen, wo der Schlüssel versteckt werden sollte. Viele Vorschläge wurden gemacht, aber die menschlichen Wesen waren sehr intelligent und würden den Schlüssel sicherlich zu finden wissen. Einer empfahl als Versteck die Tiefe des Pazifischen Ozeans, ein anderer die Spitze des Himalaja, der nächste den Mond.
Da jeder eine andere Meinung hatte, setzte Gott sich zur Meditation, um die Zukunft anzusehen. Dann schüttelte er den Kopf „Keiner der Vorschläge ist brauchbar. Jeden Winkel des Universums wird der Mensch auskundschaften, nicht nur die Gipfel des Himalaja und die Tiefen der Meere. Er wird auch auf dem Mond landen, sich die Planeten genau ansehen und durch schwarze Löcher andere Universen suchen."
Alle schwiegen. Aber schließlich rief Gott aus: „Ich hab's! Jetzt weiß ich, wo der Mensch niemals den Himmelsschlüssel suchen wird. Jede Entfernung im Raum wird er zurücklegen, aber niemals wird er zwei Schritte in sich selbst hineingehen, um sein eigenes inneres Sein zu ergründen." Das schien so wahr, daß alle Götter zustimmten.
Und Gott hat seither ein unendliches Vergnügen, die Menschen bei ihrer Suche nach dem Glück zu beobachten.

In diesem Sinne wünsche ich allen eine spannende Reise auf dem Weg zum Schlüssel des Himmels. Ich bedanke mich bei allen, die ich auf ihrem Weg begleiten durfte, für das Vertrauen und für die Chance zu lernen. Und ich danke allen, die mir mit Liebe und Freundschaft geholfen haben, den Schlüssel wieder im eigenen Herzen zu ahnen.

Anhang

Im Vorspann zu den folgenden Testlisten fasse ich noch einmal das praktische Vorgehen beim Test der Stressoren zusammen.
Es geht darum, möglichst ökonomisch genau die Informationen zusammenzutragen, die die gesuchte Grundprägung deutlich machen. Das heißt, man sollte beim Test der emotionalen Stressoren sinnvolle Schwerpunkte setzen, die sich oft aus dem Vorgespräch oder der Voruntersuchung ergeben.
Sofern eine Meridianbelastung vorhanden ist, bietet es sich an, alle Begriffe des gestörten Organs nacheinander zu überprüfen. Ebenso natürlich, wenn Wirbelkörper betroffen sind.
Reicht das nicht zur assoziativen Klärung aus, geht man zum nächsten Testbereich über, z. B. indem Reaktionen auf Farben getestet und bei einer streßauslösenden Farbe wiederum aus den ihr zugeordneten Begriffen die Stressoren selektiert werden.
Alternativ – oder zusätzlich – können Sie die Reifungsstufen testen; die Ebene, die bei verbalem Aufrufen „schwach“ testet, enthält einen Streßbegriff, den Sie wieder durch Benennen und Testen der Einzelbegriffe herausfinden.
Um das gesuchte soziale Ereignis individuell einzukreisen, fehlen dann noch die Zeit der Entstehung und beteiligte Personen. Für die Alterszuordnung können Lebensabschnitte des Patienten getestet werden, aber auch Jahreszahlen. Ebenso lassen sich alle Personen herausfinden, die zu einem Ereignis oder Erleben gehören, indem sie benannt werden und dann der Muskel getestet wird. Ein schwacher Muskel weist auf ursächlichen Streß zu dem genannten Zeitpunkt bzw. mit der erwähnten Person hin.
Die allgemeinen Stressorlisten brauchen nicht routinemäßig durchgetestet zu werden, wenn das prägende Erlebnis schon deutlich geworden ist. Falls aber weitere Informationen nötig sind, können zunächst die Erfah-

rungsberichte (Grundängste, Vertrauen/Angst, Sicherheit/Konflikt, Gefühlsqualitäten) als Oberbegriffe benannt werden, und nur aus dem streßauslösenden Bereich werden dann wieder die einzelnen Begriffe per Test weiter verfolgt.
Nicht eine Fülle von Stressoren ist maßgeblich für die notwendige Erkenntnis. Nur wenn Zeit zum Nachspüren gegeben wird, kann der Patient entscheiden, ob und welche Resonanz er mit einem Begriff assoziiert, zu viele Einzelstressoren stiften eher Verwirrung als Klarheit!

Organsprache

Kopf: Sitz des Geistes und des Denkens

Es macht mir Kopfzerbrechen
mit dem Kopf durch die Wand
den Kopf verdreht
sich be-haupten
der Kopf raucht
kühlen Kopf bewahren

ich zermartere mein Hirn
nicht wissen ,wo einem der Kopf steht
kopflos
ein Brett vor dem Kopf haben
es wächst mir über den Kopf
den Kopf in den Sand stecken

Augen: unsere Art, die Welt und uns selbst zu sehen

Kurzsichtig handeln
den Dingen ins Auge schauen
den Durchblick haben, klar sehen
das zu sehen, tut meinen Augen weh
Scheuklappen vor den Augen haben

Weitblick haben
mit Blindheit geschlagen sein
das geht ins Auge
sich vergucken

Ohren:

Nicht (ge)horchen wollen
wer nicht hören will, muß fühlen

auf die innere Stimme hören

Nase: Selbsterkenntnis (in der Physiognomie die Zone des Ich)

Den richtigen Riecher haben
verschnupft sein

die Nase voll haben
jemanden nicht riechen können

sich an die eigene Nase fassen
Gefahr wittern
die Nase in fremder Leute Angelegenheiten stecken
die Nase vorn haben

Zähne: gehören zum Skelettsystem, haben Bezug zu allen Teilen des Halteapparats und allen inneren Organen.
Stehen für unsere Festigkeit und das Durchsetzungsvermögen.

Jemandem die Zähne zeigen
die Zähne zusammenbeißen
keinen Biß haben
zähneknirschend
sich durchbeißen
auf dem Zahnfleisch gehen
Bissigkeit
verbissen

Hals: Der Kehlkopf ist Organ des Selbstausdrucks über die Sprache

Im Halse stecken bleiben
mir schwillt der Hals
mir platzt der Kragen
einen Kloß im Hals haben
den Hals nicht voll kriegen

Nacken, Schultern: tragen die Last des Lebens

Hartnäckigkeit, Halsstarrigkeit
die Last auf den Schultern
etwas sitzt einem im Nacken
Nackenschläge einstecken

Herz, Kreislauf: Sitz der Liebesfähigkeit, auch zu sich selbst.
Verteilung von Lebenskraft = Vitalität und Freude.

Es geht mir zu Herzen
das bricht das Herz
Herzeleid
beherzt sein
man nimmt sich etwas zu Herzen
das Herz verlieren
es schnürt mir das Herz ab
es zerreißt mir das Herz
herzlos

Lunge, Atemorgane: Atmung = Leben im Austausch mit der Umgebung.

Schwach auf der Brust sein
einen langen Atem haben
es nimmt die Luft zu atmen
langatmig sein
es verschlägt mir den Atem
man hustet sich die Seele aus dem Leib
aufgeblasen sein

Magen: nimmt auf, was wir schlucken, körperlich und psychisch. „Genährt werden" umfaßt im Säuglingsalter über die Füllung des Magens hinaus auch Zuwendung und Liebe.

Liebe geht durch den Magen
man frißt etwas in sich hinein
es stößt sauer auf
es schlägt mir auf den Magen
man muß zuviel schlucken
es liegt mir im Magen

Leber: muß mit materiellen und emotionellen Giften fertig werden.

Ihm ist eine Laus über die Leber gelaufen (verhaltene Wut)

Galle: zieht „Sprengstoff" aus der Leber, um aktiv zu verarbeiten.

Mir läuft die Galle über
da kommt mir die Galle hoch
Gift und Galle spucken (Wut ausdrücken statt zurückhalten)

Darm: Dünndarm assimiliert Nahrung, Dickdarm scheidet Überflüssiges aus.

„Schiß" haben
etwas nicht verdauen können
sich etwas verkneifen
Schleimscheißer

Niere: „Partnerschaftsorgan", alles das, was zwei Seiten hat.

Es geht mir an die Nieren

Blase:

Es schlägt auf die Blase
vor Schreck in die Hose machen

Haut: Kontaktorgan zur Umwelt und Mitmenschen, über das Liebe und Zuneigung zuteil werden.

Ein dickes Fell haben
aus der Haut fahren
es geht unter die Haut
eine ehrliche Haut
dünnhäutig sein
sich in seiner Haut nicht wohl fühlen
eine alte Haut ablegen
die Haut zu Markte tragen

Rücken: charakterisiert unsere Haltung im Leben.

Rückgrat zeigen
sich (nicht) beugen
das Rückgrat brechen
sich krumm legen
jemandem den Rücken stärken
aufrichtig sein
einiges auf dem Buckel haben
Haltung zeigen
jemandem in den Rücken fallen

Gelenke: sind notwendig für unsere Beweglichkeit und Effektivität.

handlungsunfähig sein
nicht vorankommen
keinen Stand haben
etwas übers Knie brechen
keinen Schritt tun können
in die Knie gehen

Organemotionen

(abgeleitet aus der Elementenlehre der chinesischen Medizin)

Element Feuer

Herz
Liebe
Vergebung
Versöhnung
Selbstachtung
Selbstwert
Verlassensein
Zuwendung
Ärger
Haß

Kreislauf – Sexus
Freude
großzügig
Entspannung
geben
verantwortlich
Eifersucht
starrköpfig
stur
Reue
reizbar

Dreifacher Erwärmer
Zuversicht
Leichtigkeit
Hoffnung

Dünndarm
Lebensfreude
verinnerlichen
Anpassung

dienen
mutlos
Einsamkeit
Trauer
depressiv
Verzweiflung
geschätzt
geachtet
Traurigkeit
Überreaktion
Sorgen
Kummer

Element Erde

Magen
Zufriedenheit
zuverlässig
Einfühlungsvermögen
Zuneigung
Entbehrung
Verlust
Enttäuschung
Verbitterung
Kritik
Ekel
Leere

Milz / Pankreas
Sicherheit
Anerkennung
Zutrauen
Mitleid
Geiz
Ablehnung
Gier
Zukunftsangst

Element Metall

Lunge
Demut
Bescheidenheit
Toleranz
Spott
„Revierprobleme"
Verachtung
Hochmut
Trauer
Geringschätzung
Arroganz
Vorurteil

Dickdarm
Befreiung
loslassen
Gnade
Barmherzigkeit
Begeisterung
Kummer
Schuld
Depression
Apathie
gleichgültig
Trauer

Element Wasser

Niere
Partnerschaft
sexuelle Sicherheit
kreative Sicherheit
loyal
Zwiespalt
Zweifel
besorgt
Vorsicht
Furcht
Angst

Blase
Geduld
Vertrauen
Mut
Frieden
Harmonie
Schrecken
Panik
Entsetzen
Frustration
Unruhe
Streit

Element Holz

Leber
glücklich
Frohsinn
Verwandlung
Wut
Rage
Groll
Empörung
Ablehnung
unglückselig

Galle
mit Liebe begegnen
Nachsicht
bescheiden
Wahl
Wut
Zorn
Empörung
Verbitterung
hilflos
passiv
ausgeliefert

Übergeordnete Meridiane

Gouverneursgefäß
Wahrheit
Ehrlichkeit
Verantwortung
Unterstützung
Mißtrauen
Verlegenheit

Konzeptionsgefäß
Selbstachtung
Erfolg
überwältigt
schüchtern
Scham

Thymus: Lebensbejahung

Zuordnung von Wirbelkörpern zu Organen und Emotionen

(Versorgungsgebiete der Segmente und deren Bedeutung)

Halswirbelsäule (drückt Ängste aus, Zone der Belastung)

C 1 Schädel, Gesicht, Durchblutung des Gehirns
Gesicht: Maske – Verstellung – Selbstzweifel
C2 Gesichtshöhlen, Augen, Stirn, Zunge
Fehlende Ein-sicht (Augen), Vorwurf (Zunge)
C3 Gesichtsknochen, Wangen, Zähne, Ohren
Sich durchbeißen, die Zähne zusammenbeißen (Mimik, Zähne)
Vorwurf durch andere (Ohren), Märtyrer
C 4 Mund, Lippen, Nase
Unterdrückte Gefühle (Mund läßt nichts heraus)
C 5 Stimmbänder, Rachen
Angst, sich selbst auszudrücken
C 6 Halsmuskeln, Tonsillen, Schultern
Überlastung, Hartnäckigkeit, übertriebene Verantwortung
C 7 Schilddrüse, Schulterschleimbeutel, Ellenbogen
Kann nicht handeln. Unterdrückt eigene Bedürfnisse (Schilddrüse)

Brustwirbelsäule (charakterisiert die Haltung im Leben)

B 1 Unterarm, Hand, Speiseröhre, Luftröhre
Handlungsunfähig. Gestörte Beziehung zum Leben (Atmung über Luftröhre, Nahrung über Speiseröhre)
B 2 Herz
Am Lebensnerv verletzt, existentielle Not
B 3 Brustkorb, Lunge, Bronchien, Brustdrüsen
Tiefe Verletzung. Gestörte Kommunikation
B 4 Galle
Wut, Empörung, Hilflosigkeit
B 5 Leber, Solarplexus
(unterdrückte) Wut, gestörtes Ich-Gefühl, Ablehnung

B 6 Magen
Sorgen, Kummer, Enttäuschung, Kritik. Schluckt zuviel
B 7 Bauchspeicheldrüse, Zwölffingerdarm
Kann nicht genießen (Bauchspeicheldrüse), Geiz
B 8 Zwerchfell, Milz
Traut sich nichts zu, Unsicherheit, Zukunftsangst
B 9 Nebennieren (hormonelles Reaktionssystem auf Außenreize)
„alle sind gegen mich“, Opferhaltung
B 10 Nieren
Unsicherheit, Furcht, fehlende Eigenverantwortlichkeit, Bindungsangst
B 11 Nierenbecken und Harnleiter
Angst, das Leben fließen zu lassen
B 12 Dünndarrn, Blutkreislauf, Eileiter
Angst, sich auf das Leben einzulassen (Kreislauf),
kann etwas nicht verdauen (Dünndarm)

Lendenwirbelsäule

L 1 Dickdarm
Loslassen, Angst vor Freiheit
L 2 Bauchdecke, Oberschenkel, Blinddarm
Ausweglosigkeit (Blinddarm = Sackgasse)
L 3 Blase, Geschlechtsorgane, Knie
Sexuelle Konflikte, Frustration, Disharmonie, Panik
L 4 untere Rückenmuskeln, Prostata
Fühlt sich haltlos (Rückenmuskeln), sexuelle Probleme
L 5 Beine, Füße
Keinen Stand im Leben spüren, Kommunikationsprobleme (auf jemanden zugehen)

Kreuzbein Hüfte, Gesäß
Steißbein Enddarm
Auf altem Zorn sitzengeblieben, sich etwas verkneifen, stagnieren

Farben und Emotionen

Rot

Aktivität	Leistung	Gefahr
Überleben	Freiheit	Aggression
Urkraft	Dynamik	Aufmerksamkeit
Macht	radikal	brutal
Erregung	Sexualität	überreizt
männlich	Eroberung	bedroht
Wille		

Blau

Vertrauen	weiblich	Einsamkeit
Ruhe	Beständigkeit	Passivität
Geborgenheit	Entspannung	steril
Zufriedenheit	Harmonie	kalt
Meditation	Treue	selbstgerecht
Unendlichkeit	konservativ	unerreichbar

Gelb

Offenheit	sich entfalten	Neugier
Fröhlichkeit	extrovertiert	Isolation
sich ausbreiten	anregend	Gefühlsmangel
Freude	lebhaft	grell
Intellekt	Veränderung	aufdringlich
Weisheit	Wärme	Leere

Grün

Wachstum	Ausgleich	Hilfe
Entwicklung	Hoffnung	Willenskraft
Kreativität	Erholung	Stagnation
Selbstvertrauen	Integrität	Einschränkung
(Selbst-)Sicherheit	Potential	Behinderung

Blaugrün	**Tannengrün**	**Gelbgrün**
reserviert	Festigkeit	Unreife
eigensinnig	Überzeugung	

Orange

Vitalität	sinnlich	eitel
Geselligkeit	prall	hemmungslos
Beachtung	überschwenglich	mürbe

Violett

Spiritualität	Faszination	Ausgrenzung
Glauben	Mystik	Melancholie
in sich ruhen	Spannung	Widerspruch
Verwandlung		

Lila

verführbar	schwankend	dekadent
zwielichtig		

Weiß

klar	unbelastet	trostlos
offen	Auflösung	Selbstaufgabe
rein	Wahrheit	

Rosa

schutzbedürftig	intim	scheu
romantisch	Fürsorge	sanft

Schwarz

geheimnisvoll	versteckt	Erstarrung
interessant	okkult	Negation
ernst	Verdrängung	Tod
Protest		

Grau

Neutralität	Rückzug	sich nicht ändern wollen

Braun

statisch	leiblicher Genuß	abgestumpft
erdend	mütterlich	depressiv
warm	Verwurzelung	langweilig
anpassungsfähig	zuverlässig	erschöpft
geborgen		

Die Reifungsstufen

Körperliche Ebene (Prinzip „leben / nicht leben")

Vitalität	Kraft	Unentschiedenheit
Fülle	Entbehrung	Krankheit
Gesundheit	Passivität	Tod

Persönliche Ebene (Prinzip „sich entfalten / sich nicht entfalten")

Kreativität	Selbstbewußtsein	Verneinung
Selbstvertrauen	Unsicherheit	Ärger
Selbstbehauptung	Konflikt	Angst
Selbsterkenntnis		

Beziehungsebene (Prinzip: „sich binden / sich nicht binden")

Vertrautheit	Freundschaft	Manipulation
Vertrauen	Respekt	Unterwürfigkeit
Verbundenheit	Abhängigkeit	Distanziertheit

Gemeinschaftsebene (Prinzip: „sich einsetzen / sich nicht einsetzen")

Kameradschaft	Zivilcourage	Regeln
Kooperation	Richter	Rollenorientiertheit
Ergänzung	Konformist	

Ideelle Ebene (Prinzip: „Ideale leben / Ideale nicht leben / keine Ideale haben")

Integrität	rationalisierend	anmaßend
Offenheit	Heuchelei	zynisch
Ehrlichkeit	unethisch	verachtend
Wahrheit	skrupellos	ausbeutend
Aufrichtigkeit		

Sinn-Ebene (Prinzip: „sich ausdehnen / sich begrenzen")

Eins-Sein	liebend	verherrlicht
allumfassend	weise	scheinheilig
ganzheitlich	losgelöst	tyrannisch
wissend	abgehoben	besessen

Allgemeine Stressorlisten

Zeitschiene
Gegenwart – Zukunft – Vergangenheit (konkreter Lebensabschnitt? – auch Geburt / vorgeburtlich!)

Lebensumfeld
Familie (Mutter, Vater, Geschwister, Kinder, Partner, Schwiegereltern, Großeltern, sonstige)
Schule (Lehrer, Mitschüler, Lehrstoff, sonstiges)
Beruf (Inhalt, Ausführung, Vorgesetzte, Mitarbeiter, sonstiges)
Freizeit (Freunde, Kameraden, Interessen, Hobbys, sonstige)

Grundängste (Angst vor:)

Ablehnung	Tod	Erfolg
Armut	Ohnmacht	Freiheit
Autorität	Prestigeverlust	Hingabe
Einsamkeit	Schmerzen	Macht
Hunger	Trennung	Überlegenheit
Krankheit	Unfreiheit	Verantwortung
Kritik	Versagen	

Erfahrungsbereich Vertrauen / Angst

Ablehnung	kraftvoll	unerwünscht
beziehungsfähig	Lebenswille	unverstanden
boshaft	Mißbrauch	im Stich gelassen
einfühlsam	Mißhandlung	verlassen
Einheit	mißtrauisch	verantwortungslos
feindselig	sanft	vernachlässigt
Frieden	Sinnfindung	keine Wahl haben
Freude	Trost	unzuverlässig
Fürsorge	ungeliebt	

Erfahrungsbereich Sicherheit / Konflikt

Abenteuer	enttäuscht	trotzig
angepaßt	entschlossen	unbeliebt
angegriffen	fähig	unzulänglich
aufrichtig	flexibel	verletzt

ausgeschlossen
beachtet
beliebt
bedroht
destruktiv
Durchsetzungskraft
entmutigt
gekränkt
geschlagen
kreativ
lernfähig
spontan
starr
tapfer
es (nicht) verdienen
verraten
die Wahl haben
es (nicht) wert sein
(un)wichtig
Widerstand
Zwang

Gefühlsqualitäten

begeistert
beleidigt
berührt
empört
erbost
erfreut
erfüllt
fasziniert
freudig
gefühllos
gekränkt
glücklich
Gram
hysterisch
ironisch
leidend
liebevoll
optimistisch
pessimistisch
rachsüchtig
sarkastisch
Scham
sprachlos
traurig
überlastet
unannehmbar
unglücklich
unglückselig
verärgert
verletzt
verzweifelt
wütend
zornig
zynisch

Literatur

Braem, Harald: Die Macht der Farben. München / Landsberg 1989
Bräutigam, Walter, und Paul Christian: Psychosomatische Medizin. Stuttgart 1974
Dahlke, Rüdiger: Krankheit als Symbol. München 1996
ders.: Krankheit als Sprache der Seele. München 1992
Dethlefsen, Thorwald, und Rüdiger Dahlke: Krankheit als Weg. München 1992
Diamond, John: Der Körper lügt nicht. Freiburg 1995
ders.: Die heilende Kraft der Emotionen. Freiburg 1995
Eberhard, L.: Heilkräfte der Farben. Ergolding 1990
Frank, Kai-Uwe: Altchinesische Heilungswege. Wiesbaden 1992
Harlow, H. F. und M. K.: Social Deprivation in Monkeys. Scient.Am. 207, 1962
Hay, Louise: Heile deinen Körper. Freiburg, 1989
Holler, Johannes: Das neue Gehirn – Ganzheitliche Gehirnforschung und Neue Medizin. Südergellersen 1991
Jung, Carl Gustav: Grundwerk (9 Bände). Olten, Freiburg, 1984
Keding-Pütz, Christa: Gesund durch analytische Kinesiologie. Wiesbaden 1998
Lesch, Matthias und Gabriele Förder: Kinesiologie – aus dem Streß in die Balance. München 1994
Lorenz, Siegfried: Wie das Seelenleben des Kindes schon im Mutterleib geformt wird. Engelsbach 1993
Lüscher, Max: Die Lüscher Farben. München 1989
Maly, Ilse: Blüten als Chance und Hilfe. Salzburg 1995
Miketta, Gaby: Netzwerk Mensch – Den Verbindungen von Körper und Seele auf der Spur. Reinbek 1994
Mitscherlich, Alexander: Krankheit als Konflikt. Studien zur psychosomatischen Medizin. Frankfurt 1974
Mohr, Paul: Farbtherapien. Wiesbaden 1998
Nørretrander, Tor: Spüre die Welt – Die Wissenschaft des Bewußtseins. Reinbek 1997
Ornstein, Robert, und David Sobel: Das Gehirn, Schlüssel zur Gesundheit. Freiburg 1995
Peseschkian, Nossrat: Psychosomatik und positive Psychotherapie. Heidelberg 1991

Scheffer, Mechthild: Bach-Blütentherapie. München 1990
Siegel, Bernie: Mit der Seele heilen. Düsseldorf 1991
ders.: Prognose Hoffnung. Düsseldorf 1991
Simonton, O. Carl: Wieder gesund werden. Hamburg 1982
Thie, John: Gesund durch Berühren – Touch for Health. Basel 1983
Tomatis, Alfred A.: Der Klang des Lebens. Reinbek 1987
Topping, Wayne W.: Stress Release. Freiburg 1994
Watzlawick, Paul: Wie wirklich ist die Wirklichkeit? München 1991

Bei Interesse an Kursen und Einzelausbildungen in analytischer Kinesiologie wenden Sie sich bitte an folgende Adressen, Sie erhalten dann Informationen über die laufenden Veranstaltungen:

Akademie für experimentelle und angewandte Kinesiologie
Mölderplatz 1
46483 Wesel
Tel. 0281 - 164 37 14
Fax 0281 - 164 27 15

Dr. med. Christa Keding-Pütz
Mölderplatz 1
46483 Wesel